造自己的船 還我們的島

陳明忠——著

推薦序

孤舟航出
沒有海洋的寶島

黃凌霄

在福爾摩沙島上的人都知道自己住的是寶島，可是很少人知道這島的邊緣長得什麼樣子。從地圖上看，面積好像不大，但以海洋型獨木舟或風帆繞一圈，至少都要二十多天才能完成。

二〇一八年六月，這兩位體力充沛的過動準老人，用自己DIY的無動力小帆船，透早從淡水河摸黑出海，開始環島壯舉。看這本《造自己的船，環我們的島》時，一定要自己偷偷地爬上船、跟著走，你會學到很多平常看不到的東西。

出發那天為何要這麼早起？「食飽換餓」沒事作？非耶！他們在趕潮水，想利用退潮順流出海，因為掌握潮汐時間很重要。討海人有句俗語：「行船人沒等爸。」本來有位空拍高手陳永盛，約好要幫忙空拍出航照片，雖然不是他們的爸，但河水已開始「反流」，也只有六親不認地解纜出航了，讓陳永盛從臺北匆匆趕來撲個空！

從書中可看到兩位船達人在做環島規劃時，對臺灣的氣象做了深入的探討。他們為何選在六月中旬出發？因為天氣暖和，陽光充足，海巡和漁管處心情較好，不會退件拒入漁港？應該不是，臺灣一年中被冬天的東北季風和夏天的西南風兩個季風所支配。東北季風討海人稱「暴頭」，大約到夏至或吃過粽子後就不會再來，之後轉成反方向的西南風。

他們從淡水河口出去左轉沿著岸邊，古人叫「摸壁爬（so）」南下，這時還有微弱東北風，運氣好的話可以將他們送到鵝鑾鼻，繞過最南端北上時，等夏風轉向，北返時就全部是西南風或南風的季節了。暴頭結束，西南風登場這段時間也是颱風剛要開始、但還不會襲擊臺灣的最佳時段，所以，選在初夏出發環島，是很有智慧的。

只是地球暖化「天沒照甲子」，出發沒幾天，西南風就迫不及待的提早來「苦毒」他們。在逆風南下，不斷地搶風、調方向（tacking）以「兩垛人肉」吊在舢外壓艙之後，雖然不是太嫩的老屁股，被兩舢不斷地刀切之下，也已滿目瘡痍，慘不忍睹，最後成了長滿了繭的「花屁股」。（註：中式古戎克船的船屁股彩繪）

繞過最南端進入太平洋北上後，就是一路順風了。

從書中可得知西部海岸，濱臺灣海峽部分，從桃園到臺南有很多「潮乾港」，退潮時，港內的船都坐在沙灘或泥灘上，海岸在退潮時也會延伸好幾公里才沒入海裡，所以從海上入港要循海溝或河溝才進得去。而被布滿蚵架隔絕在內的港口，進港如走迷宮，除了港嘴有殘缺的紅綠燈，其他都是蚵民們自己立的標示、記號，並非國際通用的標誌，外地船舶入港困難度非常高，加上潮汐不等人的急迫性，如無事前的資料收集、場地勘察，不易順利進入且全身而退，甚至很可能還沒看到港口，半路船就被架空在青蚵架上動彈不得。

濱太平洋的東部海岸與西部就完全是不同的典型：書上說，一離礫石灘，腳馬上就踩不到底，不會游泳的人，一踩空立刻就喝到水、嗆到鼻子。因此東海岸就無所謂「潮乾港」了，全部都是泡湯港，不論大流、小流，船都不用坐灘。西海岸因有嘉南平原，從海上望去，很遠的地方才出現山的輪廓。東海岸的海岸山脈緊貼著海岸線，中央山脈的清水斷崖也垂直聳立在太平洋邊上，雪山山脈也不甘示弱的由蘭陽平原西南向東北伸到東北角，生出多樣性美麗的海灣和岬角。書中引用古籍說的「萬水朝東，水勢傾瀉，捲入地底，舟至即沉。」指的應是三貂角，這裡是東海與太平洋的交界，岬角的東邊較深，西邊（三貂灣）較淺，在退潮時，潮流向東，因深淺落差甚大，加上岬角的凸出地形，於是產生恐怖震懾人心的海浪（overfall），這裡的漁民有句順口溜：「一卯，二龜，三鼻頭。」一卯指的就是書中說的地方，卯澳的人叫「大流行」，也叫「洘流行」。

在這本書中，作者有一項非常實用的創意，就是把潮汐用一曲線圖表示出來，讓任何人都可依此曲線圖，快速知道潮汐時間和水的深淺。在傳統上，一般漁村對潮汐都有自己的順口溜，如卯澳：「初一、十五中晝乾。初九、二三中晝滇。」而淡水「初一、十五中晝滇。」剛好和卯澳相反。漳州的月港「初一、十五水滇入晝肚（正好是午飯時間）。」跟淡水一樣是正午滿潮。但討海人要每天加五十分鐘（約一小時）去算，有點不方便，如能像作者畫一曲線圖、放在身上，每天加一小時查看，潮汐就非常清楚，但這些都要追隨祖先們跟著月亮用舊曆做標準。

臺灣的島人大部分很少想到海，其實整個島是被北邊的中國東海、西邊的臺灣海峽、南邊的巴士海峽、東邊的世界最大洋——太平洋團團圍住。戒嚴時期有海禁，因此使美麗之島變成一座名副其實的監獄，媲美電影的惡魔島，只是島上壞人的密度沒惡魔島高。解嚴之後，媒體三不五時用「險惡的黑水溝」，地方政府用「水深危險，禁止戲水」來嚇唬膽小的島人不要下海。內陸國家如奧地利、瑞士等，一定非常羨慕臺灣「泡在海裡」，殊不知島人要買機票到外國，才玩得到水上的船！美麗的寶島至今還是水牢，並未因解嚴後有大改變，主要是各地漁會把漁港視為禁臠，漁管處怕事不敢作為，民意代表更不敢反對既得利者所造成的寡斷（事實上他們的「家後」也很想下海。）

造自己的船，環我們的島，為停靠沿海漁港休息補給，必須一縣、一市地向漁管處個別申請，陳明忠說：「好像要去十五個國家，國國要簽證，而且有效期！」真是不可思議。由他們兩位二十五次的進出港，有時躲颱風、低壓，拉船上岸放個三五天，可證明不會影響漁港的作業。小船借漁港進出，非但對漁港絲毫無損，還可增加地方的消費，何況漁源枯竭，大部分的漁港已沒什麼魚可抓，而漁港是納稅人的錢蓋的，如開放每個港的一小部分給非漁民共同使用，一定可活絡蕭條的漁村。他們兩位的拓荒繞島，證明DIY帆船環島是可行的。今後政府或民間可大膽的舉辦DIY帆船「環我們的島、繞我們的海」比賽，熱鬧又益身心外，對國民認識自己的海洋，發展海洋國國力，裨益良多。

黃凌霄，自稱船奴，從小愛海愛帆船。有幸在臺灣經濟奇蹟期建立成功的企業，於是不務正業向世界各海洋強國取帆船經，並深入研究傳統中式帆船。曾任臺灣造船社團五米樂（註：此米係公尺，當年《船舶法》五米以下小船不需牌照，一夥人以造船玩船為樂，建立此社團）理事長，鼓勵年輕人造船出海航行。著有《黑水溝：漫談打造台灣北海岸傳統帆船》一書，目前造成一艘福建古戎克船，計畫循馬可波羅回家航線，開向威尼斯。

推薦序

為船痴狂而甘心為奴

蘇達貞

陳明忠是位「船痴」，張宗輝是位「船狂」，黃凌霄是位「船奴」，三人一同可謂是「為船痴狂而甘心為奴」。

張宗輝連同這一趟加起來，已經用船環臺灣島三次，他三次環島路過花蓮都來我們「蘇帆海洋基金會」海邊的木屋小憩。陳明忠這一輩子造船無數，多年前我就曾慕名請他來花蓮指導我這裡的一些海洋孤兒們如何建造自己的船。黃凌霄更是早在二〇一一年就曾把他的「瘋狗號」帆船移到蘇帆來，「瘋狗號」算是出現在東海岸的第一艘中式古帆船，我後來還曾隨著他到日本沖繩參加舢舨帆船的競賽，他們都是「五米樂造船協會」的成員，造船是他們的樂趣、航海是他們的夢想，而我和他們的共同語言卻是「在臺灣，造自己的船、環我們的島，是一場噩夢。」

是如何的一場噩夢？那真是「如人飲水冷暖自知」，沒有造過自己的船、沒有海上環過我們的島的人，也就只能從這本書中去略知一二，陳明忠用耐心與毅力去克服僵化的法令，以周詳的計畫、謹慎地執行來克服海上的風險，環島的途中也驗證了許多古人的智慧：「無風起浪謂之湧」、「小船怕浪、大船怕湧」、「不畏大洋、而畏近山」、「不患深水、而患淺水」，更是顛覆了諸多陸地人的思維。

而最被航海人所傳頌的座右銘：「最好的技術來自於最錯誤的經驗」，也在這趟旅行中不斷地被淬鍊成他們倆的智慧與勇氣的結晶。

陳明忠與張宗輝海上環島的這本書，實踐了蘇帆海洋基金會所提倡的親海教育；鼓勵了學子們走出舒適圈、踏入探索圈，也成了廖鴻基老師所說的：「冒一點險來獲得更多的機會，這就是臺灣的海洋精神。」最佳典範。

蘇達貞，夏威夷州立大學海洋工程系博士，曾任海洋大學教授、系主任。為熱心推展普及臺灣海洋教育，退休後在花蓮成立「蘇帆海洋文化藝術基金會」。帶著臺灣人從事海洋活動。著有《夢想海洋：拖鞋教授與16名海洋背包客熱血航海勇氣之路》一書，並拍成電影，給心中愛船、有海的後進，一個入海的啟發。

推薦序

三次海上環島遇到的變與不變

張宗輝　創紀錄的同行夥伴

本書記錄與陳兄一起海洋環島。在此之前，我有兩次的環島經驗，第一次環島是慶祝建國一百年，經社團向政府申請經費補助，與兩名划獨木舟的同好，手划無動力的獨木舟由北出發環島一圈，共划了二十四天。第二次是協助都市人基金會所辦的公益活動，與全無海洋活動經驗的八名受輔導女孩及輔導員，手划獨木舟環島。因考慮孩子們的經驗及體力，共划了五十四天。公益活動並非是以競速或創紀錄為訴求，主要目的是要激起孩子們冒險、克服困難、排除險境，去感受生命的無限可能。現今回想也好幾年了，當年的孩子長大成人，在社會各個角落，為自己的理想而生活著——孩子們，妳們現在安好嗎？不論妳們身在何方，祈願妳們一切好好的。

與前兩次不同的是，這次是風帆環島，比起手划船較省力些，也適合現在的體力，只有我與陳兄二人，無其它經費補助，沒有任何支援。也因只有二人，許多事情都需自己處理，好處是沒有壓力可以自在的享受「不老的船期」。

而且，當我們需要幫忙時，就有不少適時伸出援手幫忙的人們及熱心協助的同好，還有海巡弟兄，打擾了，有你們提供哨所內的飲水、充電及遮風避雨的搭帳棚處所真好，謝謝各位的協助。此外，這一次加上前兩次遇到的險峻灘岬，還是一樣兇險，為什麼我比前二次環島體力已退化了，你還是沒變呢？不知道要「敬老尊賢」嗎？

不過驚人的是，沿岸的地貌已變，越來越多的防波堤、消波塊、填海造地。美麗的沙灘換成一棟棟豪華大飯店，人工建築物越來越多，是不是把海岸都築起建物，這樣就不會有人民去親近海，這樣就不會出事呢？政府就少事了嗎？

不變的是，政府機關對海洋的鎖國與無知、怕事的態度，及一些莫名其妙的理由，如同陳兄在本書所描述的宜蘭縣政府，申請停港日期延期，得到的回覆是：「所請不准」。宜蘭縣政府難道沒聽過中國有句俗語「天有不測風雲」嗎？難道為了要趕上申請停港的有效期，逼我們跟颱風拚命嗎？

海洋子民冒險挑戰的精神，不應該因政府機關的怕事而被打壓。還給後代該有的海洋地貌，不要因短利而圖利商人。政府相關單位，請覺醒吧！

張宗輝，淡水人，曾熱愛飛行，飛遍全球各式輕航機競賽。後受不了母親之河淡水河的呼喚，想下水找門路而投入造船航行，在河畔竹圍成立木造船藝工坊，鑽研至今，既精造船也擅玩船。與一群造舟同好意外成就了淡水河畔手工木船「帆影映觀音山」的獨特景緻。

自序

計畫要駕自製帆船、僅靠風力環島一事，諸多熱愛海洋活動的好朋友們知道後，給了我許多關切與鼓勵。這是一項前無古人的創舉，成不成在我們的體力、操船技術、船本身的建造性能，以及天象的掌握。但是只有這些條件嗎？不是的。除此之外還有一個重要因素：一艘僅靠風力，沒有夜行能力，甲板面積有限，沒有油電動力的綠能船，能不能進密度破世界紀錄的臺灣沿島漁港休息補給，才大大關係著這趟行程的成敗。為什麼要選擇漁港？全臺灣有二百三十一個火車站，而漁港數比它多，有二百三十九個，如果能善用，那可是最好的補給站。但我們的船能不能進漁港呢？

說起臺灣政府的海洋政策，大家都搖頭。戒嚴以來被關在籠中的島，一直到現在還認為飛行是種病態。海，怎能讓你隨便去？港，怎能讓你隨便入？《漁港法》

第四章第二十二條說：非漁船擅入漁港罰三萬至十五萬。

熱愛海洋運動朋友們的建言大概分兩派：

鷹派說走就走，有水就開，有港就給他進，憲法賦予人民擁有主權擁有行動自由，這港還是我們納稅錢建的，槓上才能凸顯政府海洋政策的問題，這派人謔稱我們是個沒有水的「每羊」國家。走這個方向，藉機抗議，會是體制外革命家。

鴿派說按步走，就依法申請公文。准就有路，不准，循理再爭，看理由才能找出政策的荒謬之處，這麼做是體制內的實行家。

自古以來，人類利用各種行動工具離開家和安全圈去找尋外面的未知世界，以「征服」和「探索」兩種不同方向；如今文明時代，征服已沒有意義，經由探索去獲得新知，才是我們這一趟行程的方向。

近年來臺灣流行環島，方式五花八門，開車可能是最多人有的經驗。此外，有機車、自行車、滑板、徒步、划獨木舟……等等，或許有人有更創意的想法正在醞釀，不過有環島念頭的人，一定熱愛這塊土地和這個國家。

過去戒嚴政策與海禁，別說水路環島，只是開船出海都像是辛巴達神話。因此，環繞島嶼一千一百多公里海岸線的海域，自然成為今日待探索的陌生新世界。

臺灣的民主前輩流血流汗為我們爭取了許多權利和自由，惟獨海洋上的民權，鮮少有人在意。要海上環島，沒辦法像腳踏車環島，騎了就上路，問題在哪裡？我們的航海民權在哪？從政府的政令法規探索起，執政當局給了我們雖不滿意但有可行的方向，於是我們訴諸理性，試著從陸地開始尋找海路，探索過去無法自由來去的國之疆域，也探索我們政府把臺灣當關島，把人民關在島嶼裡的不合時宜法令。

有位海洋前輩說過：「用船環島，最困難的不在海上，而是走出陸地。」

準備出發環島去！從陸地出發。

在臺灣，用自己的船環島，我們已學會造船、開船、讀海象、觀氣象……還有，下一步學會寫公文跟政府打交道！

臺灣政黨輪替執政也好幾輪了，每個黨的總統都高喊我們是海洋國家。真是像歐美日這樣的海洋國家嗎？號稱要統籌全國海洋事務的海洋委員會在我們出航前兩個月成立，蔡英文總統致詞說：「我們是海洋國家，海洋就寫在臺灣人的ＤＮＡ裡面。」，從這裡起步，我們給了這個中央管海洋的新單位一份公文，告訴他們我倆的航行計畫，得到的答覆是：

一、復××××，第×××××號函

二、旨揭活動涉及（《漁港法》）相關規定，請先取得主管機關活動許可，始得於該區域從事相關行為。

三、辦理海上活動首重安全管理，請主辦單位本於權責，確依（水域遊憩管理辦法）第八條至第十條之規定，配置相對應之救生能量及設備，並落實安全維護事宜；另請於取得活動許可後，副知本會海巡署，以臻周妥。

一個要統籌管理全國海洋的中央單位沒辦法給予一個海上活動明確權責答覆，我們就再向中央政府的下屬單位一個個求解。

問管理港口的海巡署，給我們答覆是：非漁船在全國二等漁港都能進。這單位是個先進而有服務熱忱的政府機構，利用民眾線上申請系統，不囉嗦，三天內就得到准許，一年期限，港口不限數量勾選。就這麼簡單的準備好出發了？NO！這港口進出不是他說了算，沒有縣市政府漁管單位的同意，海巡署的同意公文只是一張廢紙，原來，中央機構被地方政府架空！

數一數我們環繞經過的海港，有十五個縣市政府在管，因此，我要跟十五個附屬在農業部門的地方漁管單位說明我在從事一項帆船水上運動，需要他們同意在其所轄漁港中核准一至三個入港休息的許可——怎麼環個島好像開遊艇環球航行？所有進港都要辦簽證。算一下，我要申請十五國的簽證，還不是有良民證就能准，完全是機關自由心證，還不見得都拿得到。

於是，環島就從這裡啟程了：

新北市政府農業局、桃園縣政府漁牧科、新竹縣政府農業處、苗栗縣政府農業處、臺中市政府農業局、彰化縣政府農業處、雲林縣政府農業處、嘉義縣政府農業處、臺南市政府農業處、高雄市政府海洋局、屏東縣政府農業處、臺東縣政府農業處、花蓮縣政府農業處、宜蘭縣政府農業處、基隆市政府產業發展處。

最後，十五文齊發，申請下來三縣市不准。環島斷鏈了怎麼辦？網友給了啼笑皆非的建議：「改泊巴丹島、與那國島，避開不准的屏東、宜蘭。」鍥而不捨再申復，終於，十五國拿了十四國簽證，可以出發了。

成行後，書中以日誌流水行程爲主做記述，每隔幾日夾入「充電再出航」以遇到的海、風、潮流、島嶼地形等物理環境體驗出航行現象去思考緣由，尋求解釋。嘗試用淺顯的文字與插圖解說，不敢說是理論，僅是我們的航行思考結論。

第一篇簡單說明ＤＩＹ木造小船的基本理論，也能看到國內不少人自己在造船玩。

旅行，要能夠長知識，不要是孫悟空來到如來佛掌中撒泡尿到此一遊的做法，我們要師法唐三藏去取得心中那部經才是！

這一路走來，寫下無油電動力四點二公尺小帆船首創環島紀錄，同航夥伴張宗輝有很大功勞，他的三次手划船環島經驗、造船技術，還有出航前和他一起試船、翻船、落水的經歷與默契培養，都是環島成功的不可缺因素。

打開書本，跟隨我們從第一天開始，航出臺灣的海域去探索旅行吧！

目次

CONTENTS

陳明忠與張宗輝兩人，駕駛無動力四點二公尺帆船，環島26天的詳細路徑，同時兩人也是「年紀最高的帆船環島紀錄創造者」！

序章

認識我的夥伴張宗輝也快十五年了，當年我們都自己在造帆船玩，志同道合。那時許多物件買不到，我們發揮ＤＩＹ精神，想辦法自己解決。他用玩過的滑翔翼傘布以縫衣機車風帆，我則用藍白條雨篷布做帆，在航海還不是很開放的臺灣，一起過著躲海巡、玩帆船的快樂日子。

二〇一八年，過了農曆新年後，張宗輝便開始計劃自製帆船環島。他先前有兩次半的環島經歷，都是用槳划船，其中前兩次（二〇一一、二〇一五年）划獨木舟，有主辦單位贊助，沿途有大陣仗的海、陸支援。最後這半次是沒有成功的二〇一七年那次，他嘗試造了艘越洋手划舟，在支援不足、後半段漁港停靠許可發生問題、同行船種不同，互相牽制無法照顧下等因素，沒走完半圈就作罷。

那次我因工作關係，無法參與，但也開自己做的帆船跟了一天試水溫，隔天折返，大致有些心得。駕駛自己造的木帆船去環島一直是我想做的一件事，這次他計畫組三、四艘手工帆船帶著動力引擎備用，找我一同去完成二〇一七年沒有完成的帆船環島夢。如此陣仗算計一下，要人船平安的走完全程，是應該要有贊助機構給予足夠人力與海陸補給資源才行，其中也包括與政府打交道的前置作業。然而，開始進行後，主辦協會退出，接著招募人手不足，最後只能我們兩個人單駕自己的船，或許再搭配經驗不足的副手，以及港口的停靠許可仍是未知數，要像海豹部隊一樣每晚找沙灘上岸，帆船可不像獨木舟或橡皮艇，危險性相對會高出許多。

雙人帆航的人力組合不是像開車旅行一加一等於二。沒有戒護伴行，海上的一船兩人完全是孤立的生命共同體，一條雙人帆船的行進操作，需靠兩個人的分工，海上隨時有臨時狀況要面對。如果有狀況發生，其中一個人去排除問題時，另一個人要有接手並單人繼續控帆掌舵的能力。倘若不幸一人落水，另一人要有能力獨自把船駛回救援。單這兩項，我們如不依賴他人、全程兩人以雙船航行似乎有很高的風險，難道因此作罷？轉念一想，何不投入兩人的力量在單艘雙人帆船上，再乾脆另創紀錄：放棄攜帶船外機輔助動力，兩人同在一船，靠綠能御風的技術，看能否破臺灣獨有，以自己做的無動力帆船、無奧援全程環島紀錄？

我們討論後覺得可行！於是拍板定案。之後，我們便放棄整理自己現有的船，轉由張宗輝新造一艘符合目標的木帆船，我則把時間拿來和政府針對漁港的停靠補給等等打交道。

這是張宗輝的造船構想：

「為環島造的小帆船，主要需求是船體不能太重、意外翻船能再翻回、承載空間要夠大、船的性能要夠快，且適合兩人體力的上岸協力移動。」後再根據我們的造船經驗，結論是：

一、船長四點五公尺，寬一點五公尺，高零點五公尺，船體八十五公斤，加了附屬配件全重一百零五公斤（包括舵、中央板、帆具這些可拆配件），以減輕使用人力搬運的負擔。

二、船體製作用實木拼條工法，再用玻纖布內外補強。具備兩個獨立防水隔艙及可排水甲板。帆具使用現成420主帆及470前帆。另外加上兩支手划槳及沙灘輪，手划槳進出港及無風使用，沙灘輪用於離水上陸拖行於港區斜坡道或沙灘使用。

三個半月過了，船完工，港口的申請也大致抵定。我們陸續在淡水河上一起作練習航行了近十次。雖然在內河，這場域卻堪稱可以遇到環臺的各種海況：觀音山的落山風、退潮的強逆流、河口急流遇強風的三角湧浪、關渡狹口的變化不定向風浪、搶漲退潮往返的潮差掌控……除了人適應船隻特性、也培養兩人默契，並再次調整了船的細部等等，都在這期間充實完成。

張宗輝說：「這帆船沒有特別突出表現，感覺頂風尚可，速度不快，順風划浪穩定性良好，操控也沒問題。」

由於沒有陸地支援，前艙裝滿所有家當備品，包括帳篷、飲水、糧食、水果、乾衣服、修繕工具。準備接受環島大考驗，一路將是風和浪的衝擊最大，考驗著結構強度。初估環島天氣海況的選擇是浪高一點五公尺以下，風速不超過十六節。

有了這樣的結論，萬事皆備、只欠東風。終於良辰吉時，我們在充分準備下樂觀地出發了！

海上環島行李清單

- 個人物品：錢、悠遊卡、信用卡、身分證、手機、行動電源、充電線、薄毯、地墊
- 衣著用品：太陽眼鏡、遮陽或遮臉的帽子、手套、擦汗毛巾、乾衣服置防水袋、拖鞋、水陸兩用鞋、盥洗用品、防曬液
- 使用器材工具包：GPS、無線對講機置防水袋、夜用頭燈，刀、老虎鉗起子合一的萬用工具、帳篷、急救藥包
- 飲食補給品：飲用水、儲備水、水果、零食、每天的午餐

PS：記得也要攜帶各個停泊港口的許可文件影本

1 從零開始

——打造自己的船

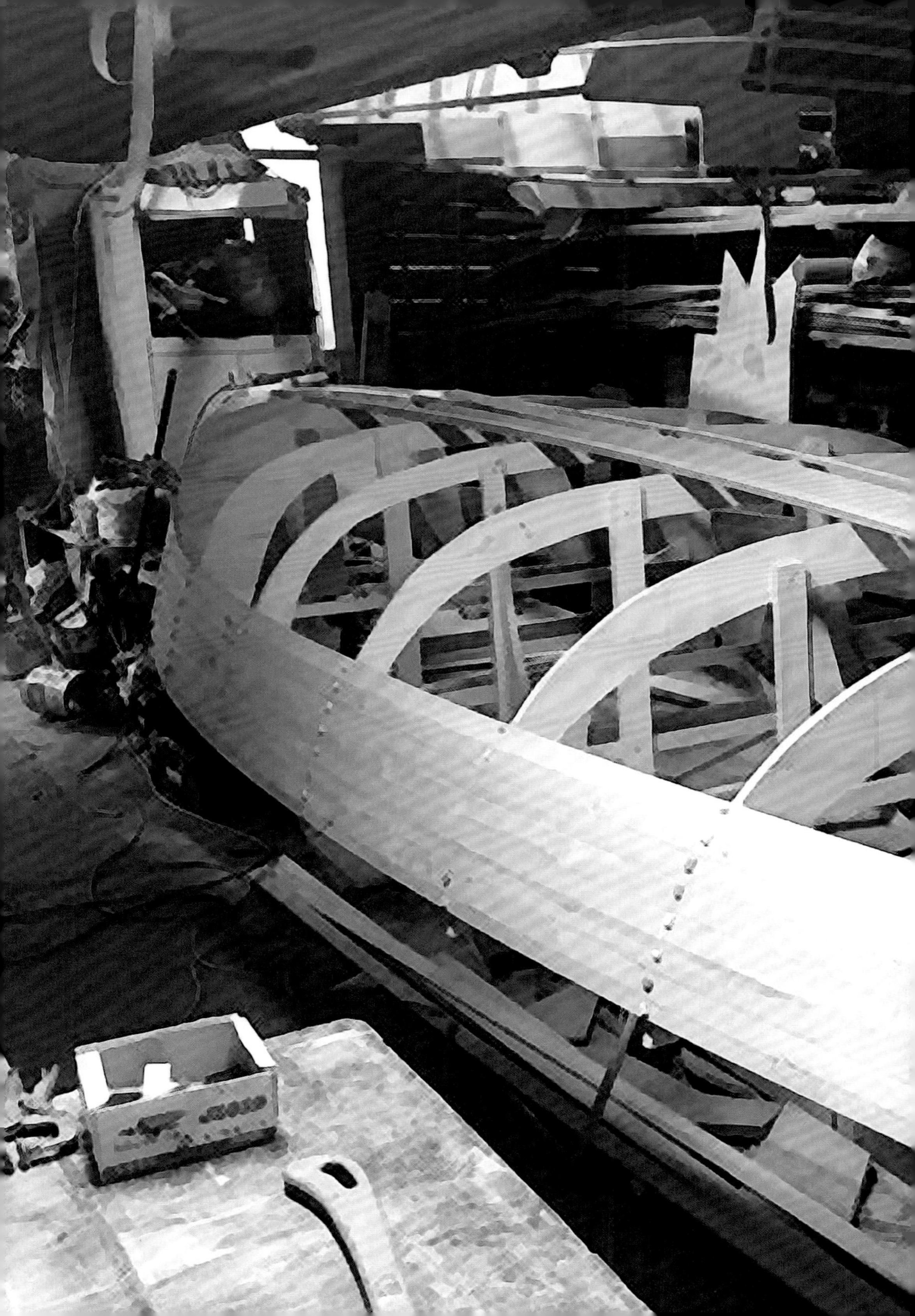

在歐美地區，以及眾多英吉利、西班牙人經由航海拓展到新殖民地的國家，老百姓在自家車庫或後院自己動木工造艘休閒船非常普及。

現今網路上打出關鍵字：wooden boat plan、sailing dinghy、free boat plan……有各式各樣的船圖可以下載，再自己鋸木料建造，也能購買販售已經裁切好的板料，只要按圖黏貼安裝，省了不少時間，就能擁有一艘能下水玩的船了！

在夾板尚未問世前，船的建造材料要用大塊的原木料去削切，不是一般人利用簡單木工工具便能做得到——夾板的發明和高分子聚合物防水塗料，讓造船變簡單。五、六〇年代，許多美國造船設計師把歐洲傳統捕魚、海上作業用的小帆船船身線條簡化，改用三夾板製作，推廣成人人都能輕易上手的休閒活動，現在網路上的船圖多半是那個時期的作品。也因為是易上手的平民運動，奧運開始把這樣的單人或雙人小帆船賽事列入競賽，在二戰之後興盛，五〇年代的競賽船艇還是木造，這項運動能在歐美蓬勃發展，和民眾能簡單輕易的自己造船玩有很大關係。

臺灣開始接觸動手造船的知識、並有民眾自力造船，是在政治解嚴之後，海岸水域不再嚴格受軍方控管，人們有機會離開陸地，發現另一片以往到不了的世界。

有了網路之後論壇交流頻繁，冷門技術快速流通，我們終於發現自己的造船與趣並不孤單。最近在網路上做了DIY帆船戶口普查，發現在臺灣做木帆船並下水玩的同好已經「手加上腳指頭不夠數了」，如果加上木造獨木舟，則早破百了。

船身有不同的工法，造出的形體也有差異，如果有了興趣，往往不會只建造一艘就罷休的，初學者多從簡單的片狀平底三夾板單人船開始。有句名言說：「把自己真正喜歡的船放到第二艘再做。」這是因為造船和玩船是同一件事，玩過，技術精進了，會再追求更上一層，西方海洋強國的人民，就是如此有系統的讓全國人民在各層級去進行親海的活動。

在臺灣DIY造帆船玩的朋友

通常簡單好做的船身會設計成有稜有角的折面，此種船骨架的製作變得容易放樣和切鋸省工，在蒙上外皮時，也只要數片薄夾板就能成形。

而蛋形般圓滾滾的船體比較耗工，除了肋骨架須是弧形，蒙皮的船身要用細原木條，一支一支拼接出弧面，再打磨成漂亮的二次曲面——我們的環島船屬於這樣的工法。

橫剖面船形板（肋骨）切鋸好後，一片片有高有低、依序立倒扣在工作台上，工作台是一個標準跟水平面平行的平面。施工圖上會有每片船底到工作台面的不同距離，如果肋骨板正確立好，隨便拿一支長細木條靠上，稍加施力，木條會以很順的曲線緊貼經過的每一片肋骨板；倘若經過的交點產生激凸或懸空，表示該肋骨板有誤。

接著，要貼拼木條在肋骨架上，可以分二組或四組，同時對稱向由兩邊向中間進行貼拼條，如此木條的扭力互相抵消，不會造成骨架受力不均而扭轉變形。

帆船在船身還有兩件突出物沒入水中：一片是中央板，位處船中央重心處下插，所以要做一個中央板箱。另外一件是在船尾安裝有鉸鏈可以轉動控方向的舵板。頂甲板以同樣方式，在底面完成後將船翻面繼續拼木條包覆，船殼完成後就可用纖維布黏環氧樹酯（epoxy）做防水、上漆。

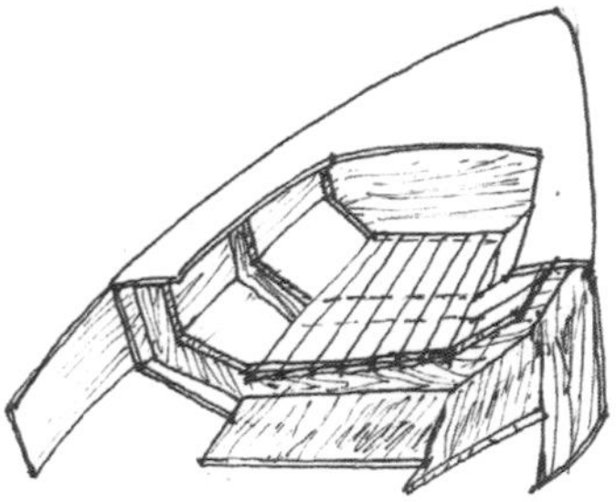

有稜角的船身結構

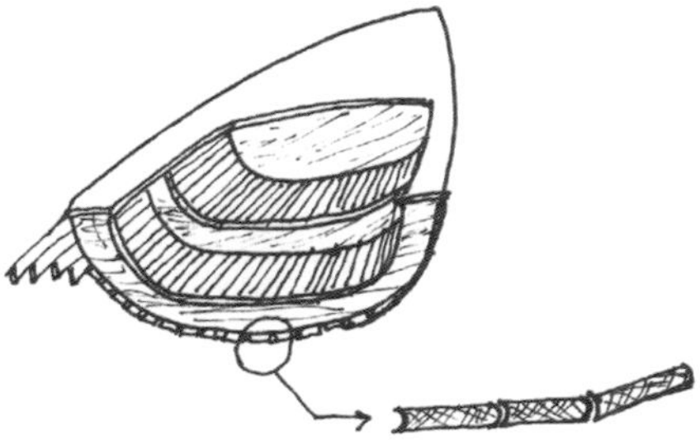

渾圓的船身結構

不同的船身結構圖

依照施工圖給的尺寸，用曲線鋸鋸出每片尺寸不同，弧度不一的肋骨板去建構船身的緯線。

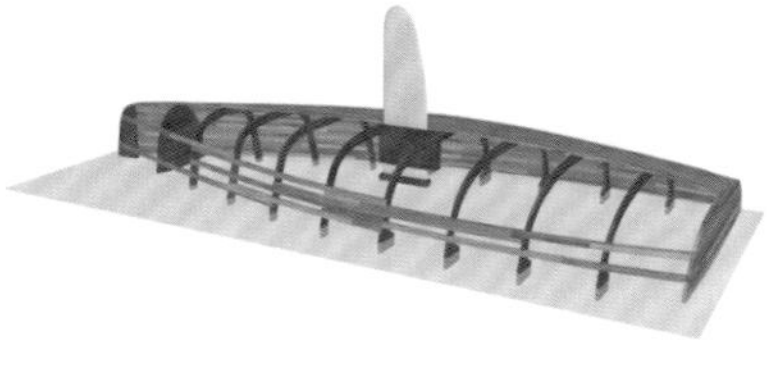

肋骨板依序排出，倒扣固定於工作台上，再排貼細長的木條去組構船身的經線。當肋骨全部被木條覆蓋完，船身的弧體便完全呈現。

三夾板帆船的製作過程

3	1
4	2

1 倒扣在工作台上固定龍骨和肋骨，並加入強化結構骨架。
2 船底蒙貼大片可扭曲的薄三夾板。
3 船底蒙貼板完成。
4 船側蒙貼薄三夾板。

5
6
7

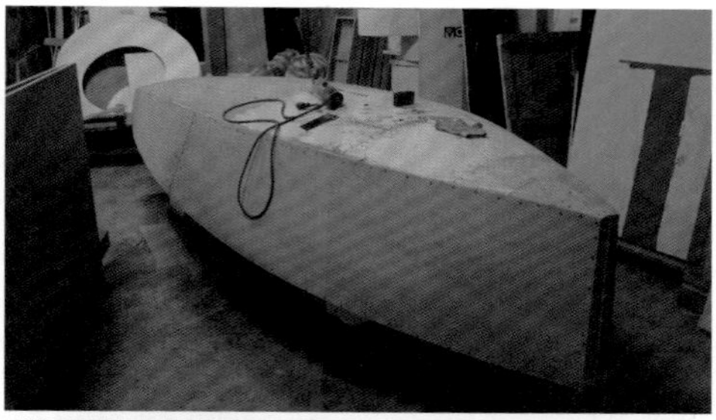

5 船側蒙貼板完成。
6 翻個面，鋸掉多餘的肋骨架，船頂面釘骨架，中央板箱置入。
7 船頂面側舷骨架完成。

10	8
11	9

8 釘船內艙踩踏甲板。
9 船頂面蒙貼薄夾板。
10 釘船舷防撞實木條。
11 船身防水塗裝。

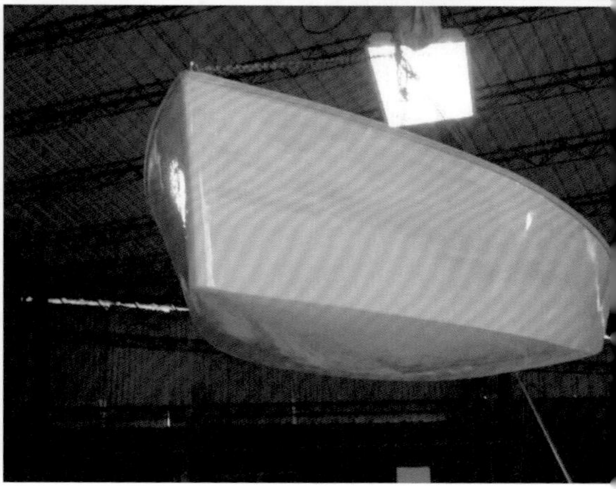

14	12
15	13

12 立桅杆裝置五金。
13 面漆塗裝。
14 畫水線分色。
15 面漆塗裝。

18 16 17

16 塗裝完成。
17 裁帆布造帆。
18 裁帆布造帆。

21	19
22	20

19 帆裝上桅杆。
20 製作尾舵。
21 裝置尾舵及中央板。
22 完成。

桅杆立在船頭甲板與座艙之間，桅杆位置是經過帆的大小面積去計算，找立杆點的基本原理就是帆重心（雙帆時是找出兩個三角形的合成重心）和船體重心（考慮坐人之後）在一直線上，而這一直線的底端，就是中央板的中心。這樣做的原因，是受風時前後重量平衡，船能很靈活轉彎。假使船頭輕、船尾重，那麼帆船就會像風向標，船頭只能一直對著風向而無法轉彎，稱為「風雞效應」。相反的，如果船頭重、船尾輕時，例如只用前帆而沒有主帆，船只能順風行，在嘗試轉彎時會轉不過去而被掀翻。

因此，遇到風力突然增強時，要先降前帆，目的為使船頭容易向風，不致翻覆。了解這些基本原理，才能造出一艘好駕馭的帆船。

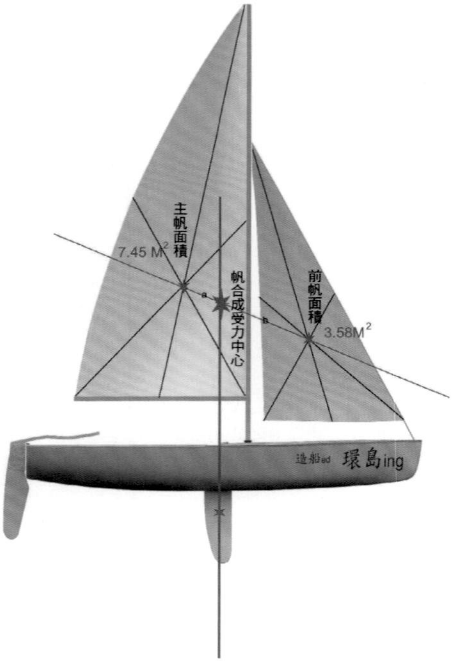

帆船受力中心

環島
ING
造船ed
環島ing

2 揚帆出海

環島臺灣26天

造船ed
環

DAY-01

看風水出發

6 月 17 日 淡水河竹圍→桃園大園竹圍漁港

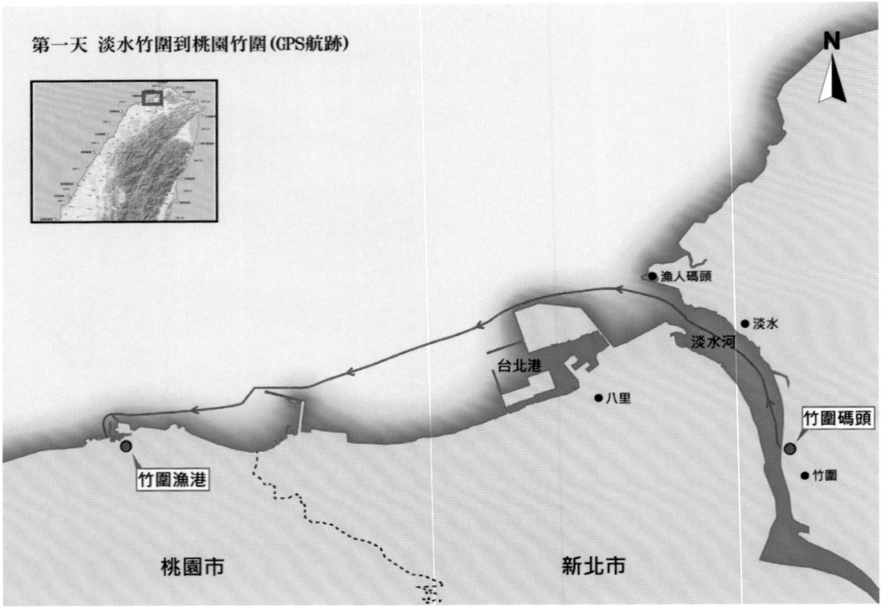

航行路徑：26.8公里

首日於淡水河出航，迎接我們的是一片烏雲密布。

出發了！不必看黃曆，只要看風水。哪一天走不是很確定，等著風、數著雲、看著水，孤舟一艘，乘員二名，講定了，沒有大陣仗，沒有親戚朋友送行，出了竹圍碼頭，看到布滿烏雲的天空，還討論一陣要不要回頭再把行程延後。

淡水河是我們的起跑點，也是孕育我們手工造舟的基地，大臺北自己在造船的朋友，都要在這條母親之河接受考驗，細數一下，大概有以下挑戰：出海口的湧浪、八里淡水間的渡輪閃躲、觀音山大屯山的落山風、關渡橋下飄忽不定的風流與水流、退潮時的強烈水流與趕潮水回航上岸等等。如有能力在這河上駕馭帆船，大概也具備了環臺時處理所有水域要應付的狀況了。

同行夥伴張宗輝從小在淡水河邊長大，「自己造獨木舟，用手划船去環島」的紀錄被他破了。現在，我們去面對一項新的挑戰：「只靠風帆，不用油電動力，用自己造的船，環我們的島。」

離開河岸，天才剛亮，靜悄悄的讓退潮的河水把小船帶向海口，回頭望著兩人曾在此練船的水域，回想曾經翻船、兩人爬上船底等救援、一起試航新船，沒翻，但一人落水。武林高手上山練功，功成下山。帆船高手則在江練功，功成出海！

離開紅樹林，船漂到河中央起風了，正如期待！只是天色暗淡，天空烏雲沒散，心還是有些沉重。合力把帆升起當作是出發儀式，再轉手給東北風，順風揚帆繞出臺北港向桃園南航。這是我們根據氣象風力、風向預測，決定今天啟程的原因，借夏初春末殘存的東北風順勢而下，逆時鐘方向的環島航行啟程！

航抵河海交會處，亂浪開始拍打船艏，心底的害怕不是沒有，在清朝的渡海移民開發臺灣文獻中，敘述的環臺沿岸航行是比渡黑水溝還可怕。

《台陽見聞錄》說：

「……台島環海之浪，其名曰涌。涌者，無風起浪，翻濤卷雪，舟莫能近。……」

「……又查枋藔以至琅璚（註：恆春古名），另有海道可通。惟涌浪甚大，礁石林立，時有山風壓船，名曰落山風。舟行遇之，立為齏粉。夏秋風暴不常，尤不可渡。……」

《裨海記遊》說：

「……凡海舶不畏大洋，而畏近山；不患深水，而患淺水。舟本浮物，有桅御風，有舵辟水，雖大風浪未易沉覆；若觸礁則沉，膠沙必碎，其敗立見。今自郡治（註：臺南）至雞籠，舟依沙瀨間行，遭風無港可泊，險倍大洋，何如陸行為得乎？君將偕我往；若必從舟，則我請辭……」

「……雞籠山下，實近弱水，秋毫不載，舟至即沉；或云：名為『萬水朝東』，水勢傾瀉，卷入地底，滔滔東逝，流而不返。二說未詳孰是？從無操舟往試，歸告於人者。……」

我們今天開始的航行，除了有手機可定位、氣象報告可避惡劣天候，還有漁港可以避難。船，和清朝的古人一樣，「用桅御風、用舵辟水」，航行這片艱難的海域，面對古人動魄心驚的記載，能否成功？只感覺前途難卜。

淡水河口左岸，臺北港因突堤效應，有一段伸向外海彼端，船出去時已位於離本島相當遠的外海。中午時浪開始攪亂，在海面上翻起一陣陣白浪頭，不妙！這是漁民所說的「起暴頭」。張宗輝造船、玩船的資歷都比我深，他說淡水河出口南下這段，環島第一關，曾用自己造的獨木舟走了五次，成功三次，一次斷槳而返。

順風的助力，船在上下顛簸中快速前進，衝著白浪頭被揚高的海水，如雨下的不斷打在身上，順風是很順，船速也很好，一直保持在時速十多公里間，這對小帆船來講算快，但是浪亂了一點，物理學上講波峰波谷好有秩序，但東北風的推波助瀾撞上港外突堤，可完全不照規矩來。

面對千峰萬谷夾雜而至，還有那種高兩公尺多的浪頭，望之在前，忽焉在後，冷不防的從左右邊突襲過來，濕了一身。這一路只有掌好舵，穩住膽子，保持住速度，時衝時躲，穿梭前行。風浪有增無減，終於感覺不行了。桃園到新竹這一帶的海岸往外向西北凸出，在臺灣海峽冬季吹東北風，夏季吹西南風，整年氣流旺盛。這凸出地形正好受風，導致附近船難多，小山丘有觀音燈塔給航海人示警。越往南下，凸出的海岸受風愈大。我們當下決定暫停前進，做了進到最近漁港停船的打算。浪花不斷拋來，接著從空中散放如雨的朦朧中，遠遠見到了竹圍漁港的拱橋。

這是環島航行很重要的功課，就是要熟識而且辨識航線近岸的地形地物，看過的景物要記在腦中：沙灘、岩礁、肉粽角、村落、港口，要在一兩公里外海認清。小船不若大船可以優雅地翻看海圖。浪起，船身是沒有平靜的一刻，一會兒左傾，人要往右坐，再變成右傾，人要即刻往左移，跑錯了，你就是翻船的豬隊友。

就這麼被東北季風追趕跑，狼狽的進了桃園竹圍港。重新檢視一下氣象，鋒面來了。今年遲到的梅雨，這時反而跑來攪局，鋒面正由南而北上，衝我們來，只能暫停幾天，伺機再出發。

環島第一天的紀錄竟然是：竹圍至竹圍。臺北竹圍到桃園竹圍港，有些沮喪。

淡水河上把帆升起，出發了！船身是沒有平靜的一刻，一會兒左傾，人要往右坐，再變成右傾，人要即刻往左移，跑錯了，你就是翻船的豬隊友。

DAY-02

風不轉路轉

6 月 24 日 桃園竹圍漁港→新竹新豐坡頭漁港

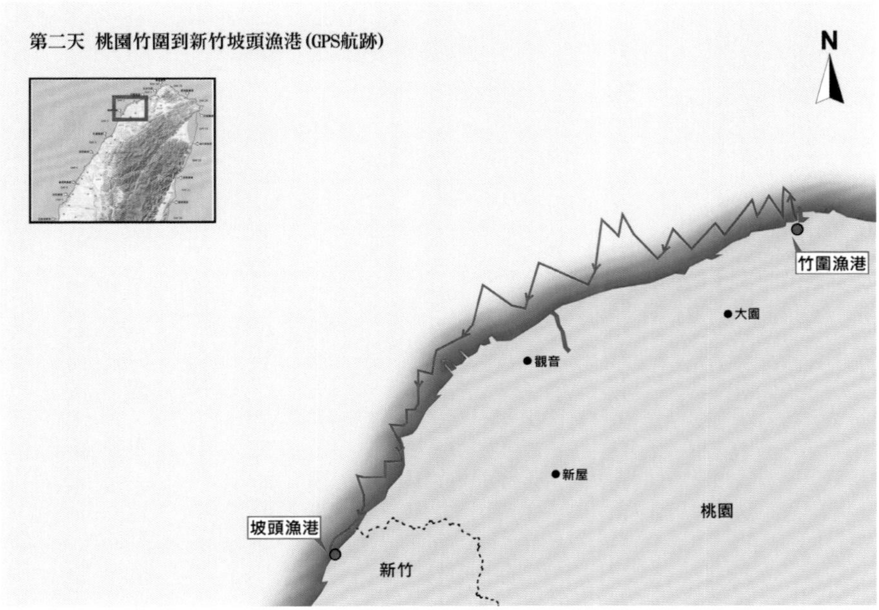

航行路徑：65.8 km

今年梅雨來得快去得快。梅雨走後，天氣仍陰霾，出發第一天的東北順風現在轉為西南逆風，梅雨往北去後尾隨的西南氣流相當強。從航跡折線來看，一整天都在頂風航行，九點三十五分離開，不間斷跑了八小時二十五分鐘，下午六點抵達坡頭漁港。帆船可以逆風走，但逆風不能直航，需要不斷的左轉、右轉才能靠近一點，以致多了三十次的曲折走法。桃園竹圍到新竹新豐，如果沿海岸線直走只有三十公里，我們今天的航行線足足有六十五點八公里。如果繼續下去，我們等於要花航行臺灣兩圈的精力與路程，才能完成環島一圈的任務。

桃園新竹沿海是段非常危險的海域，沿海岸南下不是單純的直線由北向南，整個海岸線其實是斜東北向西南走，而且陸地成外弓形向海凸出。臺灣冬季有強烈東北風，夏季則西南氣流旺，臺灣海峽像是風巷，凸出之地正好伸出去受風，一年有十個月強風不斷。沿岸少有村落，一支接一支的發電風車外，就是些高汙染的工業區，兩者都需要風：一個靠風力發電，一個靠風力迅速吹掉空汙。

環臺一圈，看到燈塔的地方代表海象凶險，有著越古老燈塔，也就是該海域越危險。這段不平靜的海，觀音白沙岬燈塔一九〇一年建造，在臺灣本島二十九座燈塔中排行老八。

南風吹散了烏雲，進得坡頭漁港，看到了美美的火紅夕陽伴著發電風車。
今晚停留在新豐的坡頭漁港，搭帳篷過夜。

回顧前一年在此落難搶灘的照片

充電再出航之1

認識帆船，了解航行

帆船為什麼會在水面上跑？怎麼控制方向？怎麼應付逆風？是這趟航行許多不認識帆船的朋友提出的疑問。了解帆船航行原理（講原理太沉重，許多人聽到「柏努利」等物理名詞就怕）對我們的航行紀錄會比較有感。

不談物理學，我在英國格林威治的海事博物館看過一套和小朋友說明帆船原理的展示裝置，大圓鐵環上的電風扇可以沿鐵環推動去變換位置，風則永遠往環內吹，船穿過一支細圓管可以在管上滑動，船上前後帆的下端各有條細繩繫緊船身，讓帆可以在受風時拉住。

當電風扇位在帆船正前方位置時（圖一），船不會動。左右稍偏點角度，會發現風扇在A區時船都一樣不動，這時的帆像一面旗子受風左右飄擺，帆布沒吃到風力。

當電風扇推離A區，在1位置時船身稍傾斜往前滑，此時帆船可以走了！同樣在2時，船往前走的速度更快，在3時，兩帆張開船往前滑。

當船滑動前進，帆會被繩子拉住而鼓起來。如果繩斷了，帆就在原地飄動，沒有受風的話，船會停住。再把帆尾那條繩拉回時，帆又鼓起，船就會往前跑。

如果風從正前方來，船想開向風來的方向，可不可行呢？（圖二a、b）

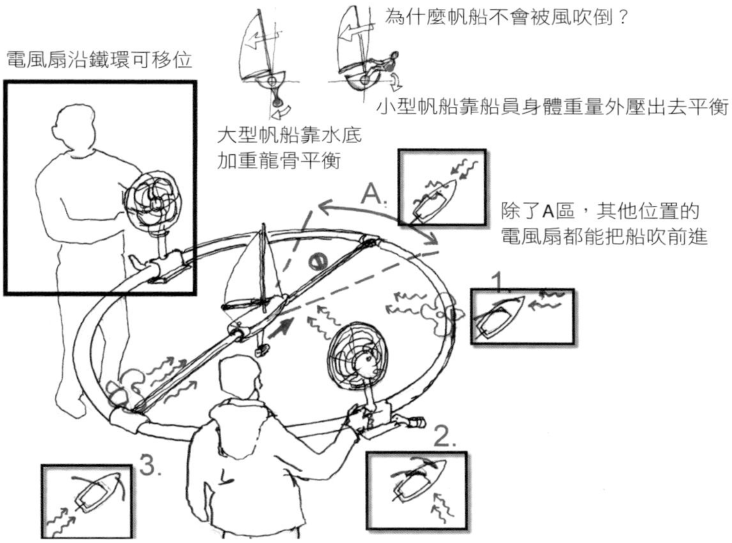
為什麼帆船不會被風吹倒？
電風扇沿鐵環可移位
小型帆船靠船員身體重量外壓出去平衡
大型帆船靠水底加重龍骨平衡
A.
除了A區，其他位置的電風扇都能把船吹前進
1.
2.
3.

逆風

逆風

一
二b 二a

有句話說得好：「山不轉路轉。」風不能轉，就船轉！船向左前方斜行，可以迎右側前方的風力；之後轉向右前方，迎左前方的風力。如此一左一右開，就能順利以之字形前進！

這和車上山坡，直線上不去的話，改為左右左右斜行，就上去了。

只是在左、右彎時，帆會隨風向搖擺，所以原來坐右邊平衡船身的船員要換到左邊——船轉一次彎，人就要換一次位，好忙！

DAY-03

猜猜身體首先受傷的部位

6 月 25 日　新竹新豐坡頭漁港→苗栗後龍外埔漁港

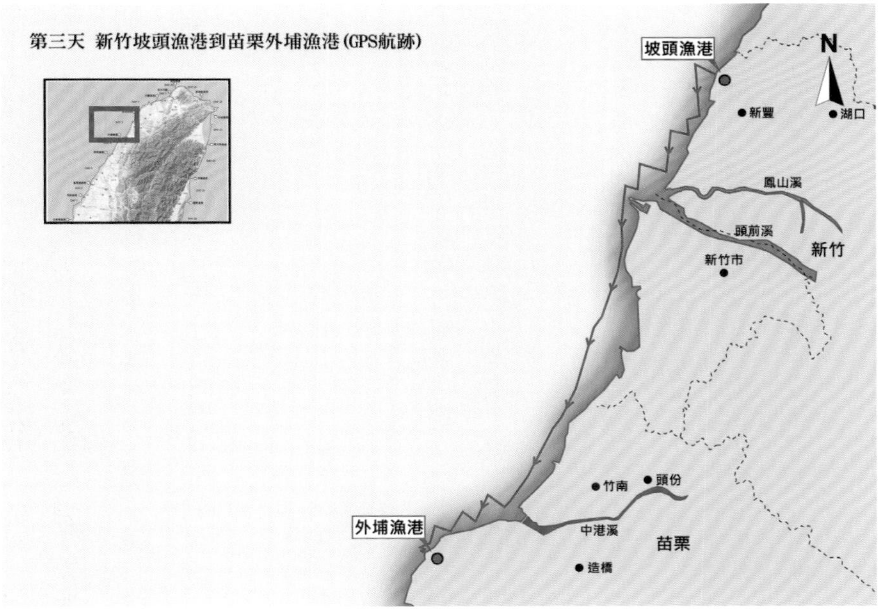

航行路徑：48.4公里

剛過季風轉換期，北風走南風起，天氣越來越好。繼續航向新竹。

同樣的頂西南風，昨天的路徑跟今天不太一樣。昨天因為是陰天，西南風穩定，所以一直逆風，全程曲折前進，但今天的中段有些不一樣，中午過了新竹後，居然不必再頂風，原因是太陽把陸地曬熱後，產生了由海上吹向陸地的對流風，成為帆船沿海岸航行最喜歡的側風。

近黃昏時，海被曬熱，對流風沒了，要繼續頂著西南風以之字航行，直到駛入後龍的外埔漁港。

連續兩天頂風和走之字形航線，兩天來一直在輪換左舷和右舷，加上拉出身子去壓艙平衡的動作，兩人屁股都磨破皮了。猛個海浪濺起沖過來，鹽水沖濕了坐掛在舷外的屁股，好痛！

順利進了外埔漁港，換掉一身濕掉的衣服，正巧有釣客在海巡站聊完要走，搭了他的便車到後龍採買，除了找舵尾被震掉的一支插銷、還要買破皮的膏藥。

在鎮上吃完晚餐，還要買妥明天的早、中餐。兩餐都需要耐曬、耐浪半天，因而便利商店的袋裝麵包、罐頭八寶粥、加上蘋果、香蕉、蕃茄這種可以一手控船、一手拿著吃的糧食成為最佳主角。

風給帆施力，船得以前進；但風也給水造浪，讓水手馭風之際還要搏浪。行駛中我們會控船閃躲，去避開與浪峰對撞。但也有躲不過之時，當下對撞之後船頭會被高高舉起，接著重重拋下，船身與水面相碰那一刻，船前立即向後灑出一片水花，弄得兩人一身濕。古典帆船不再是一派優雅的形象，經過了一天強風湧浪洗滌，所有衣物皆得悉數曝曬於船上。

古典帆船長程航海不會像英國雜誌的照片那樣斯文優雅。海上風浪一起，使出跪著用背控舵、用腳拉繩等各種動作，而上岸沖水更衣後，晾滿一船的濕答答衣物更是一派狼狽。

海巡站的執班室是航海人的親民友善場所，全年無休，二十四小時開放，可以坐沙發充電滑手機和借廁所，也有飲水機。如果要發展全民海上運動，這是個可以好好經營的據點。

就地紮營是最經濟的行程，晚上在港邊公園草坪搭帳篷過夜，一躺下都是累得一覺好眠，但今天不一樣，半夜起床好幾次趕走在旁亂叫的野狗，可能我們占了牠的地盤，所以一直不肯離去。若非此插曲，在這沒有光害的荒郊野地，帳篷外灑滿一片銀色月光，伴著浪拍岸的節奏，還頗愜意。

認識氣象，了解風

我們的帆船是不帶油電動力的船，「帆」就是引擎，而「風」則是汽油。風不是死的，也不會靈活到變幻莫測，了解後在海上使帆，就能順勢而行！

有一種風，是大氣間因低壓下降、高壓上升期間互相填補以及大區域間之溫差，形成季節性大小與方向穩固的風，我們常聽到氣象報導說的「強烈東北季風」、夏天「旺盛西南氣流」即是。我們的環島計畫期望借這種風使力，因此才選擇在五六月間往臺灣海峽那面南向開去，就是要利用春末夏初，殘存不很強烈的東北風下去，再藉由夏季的西南風順風北上。

這是理想狀況，但天也會有不如人意時。長期低壓籠罩時天氣不好，我們可以避開，而長期高壓區，天氣很好，大氣沒低氣壓區對流，如果風停了，這時在海上該怎麼辦？天無絕人之路，大豔陽下，我們沿海岸而行，還有一種風可以借力，那就是熱對流的海陸風。

太陽出來之後，陸地升溫很快，海水的升溫相較之下需要更長時間，於是，海面上較重的冷空氣向陸地移動，去填補陸地溫度上升後底下的空缺，當從海向陸地吹的風形成，風側航向進來，正適合帆船沿岸平行向前駛。只是，風力強到能行船，大概也得等到上午九、十點。到了下午三、四點後，風弱了，原因是海水與陸地溫度差不多，空氣不再對流，只有等到晚上，海面熱陸地冷，風改成由陸地吹向海洋時，才有再起的風。

我們在臺東和花蓮期間，高壓長期罩頂，偏偏沿海聳立的山脈不是那麼容易被曬熱，熱對流風不明顯，吃盡苦頭。有時還要提前在天未亮時出海，利用夜間殘存的陸風搶行、再漂浮於海上，等下一波海風。

所謂：「開帆船是駕馭風」，真的沒說錯！

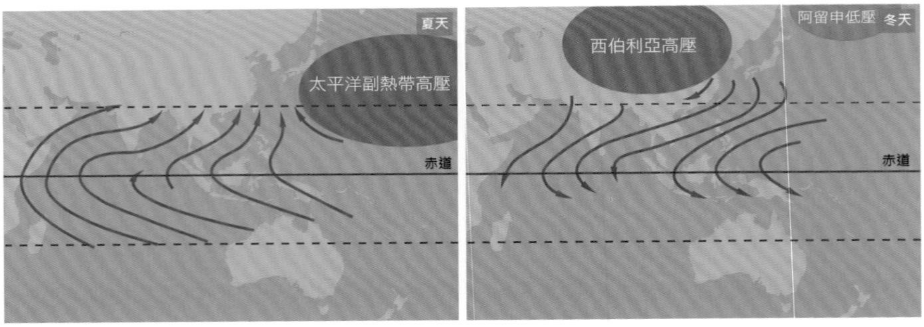

夏、冬季季（來源：中央氣象局數位科普網）

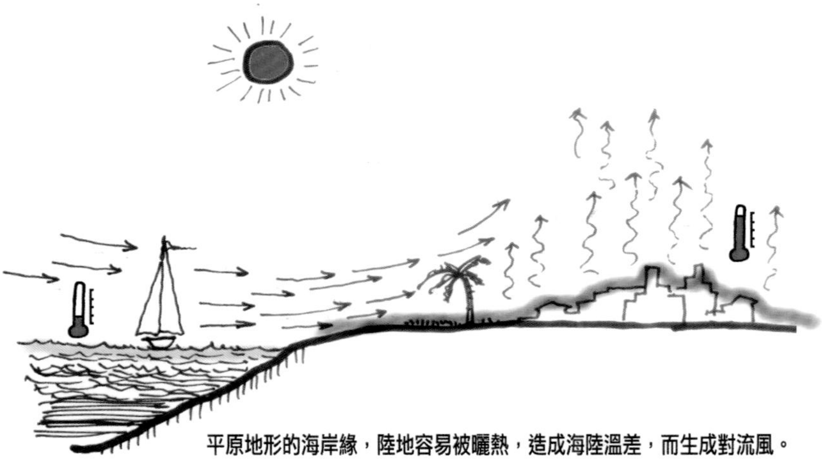
平原地形的海岸緣，陸地容易被曬熱，造成海陸溫差，而生成對流風。

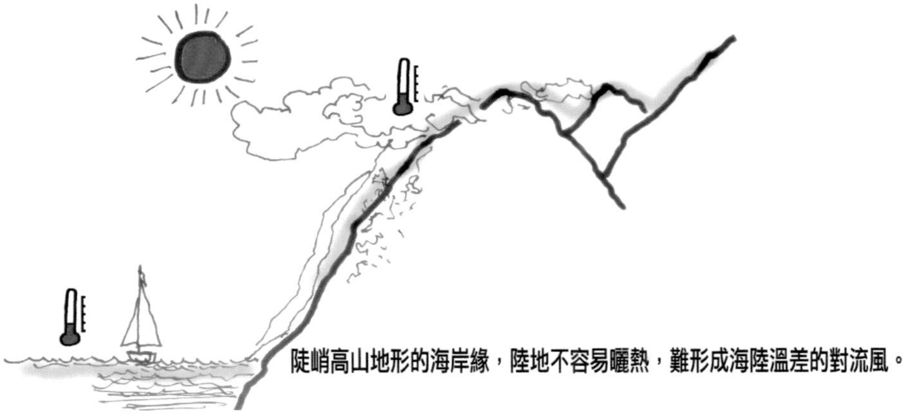
陡峭高山地形的海岸緣，陸地不容易曬熱，難形成海陸溫差的對流風。

陸地熱對流圖

DAY-04

來自陸地的朋友

6 月 26 日 苗栗後龍外埔漁港→苗栗苑裡漁港

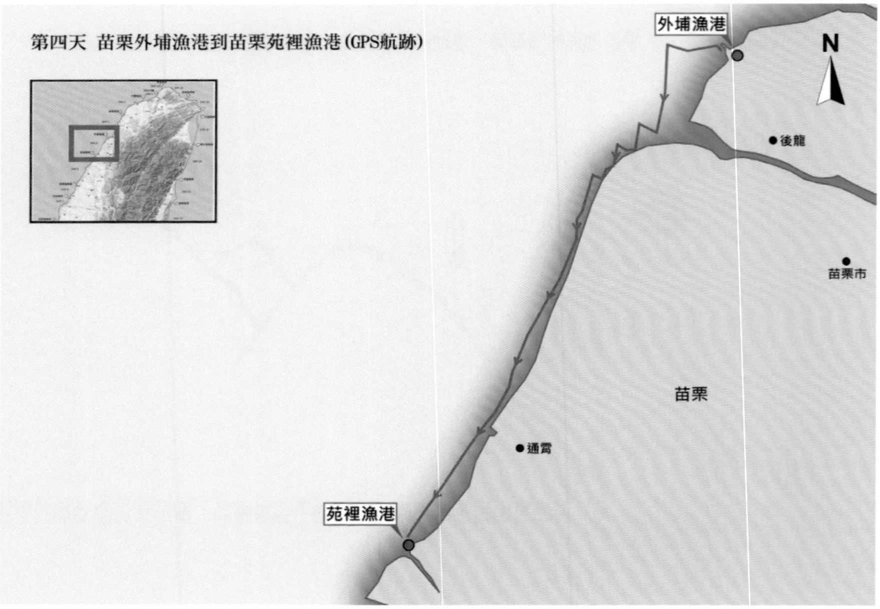

航行路徑：31.4公里

小帆船的樂趣，在於可以遇到激發腎上腺素的極限運動模式，也會有慵懶讓人快睡著的休閒模式。至於怎麼切換？我也沒有答案，臺灣的海象，說變就變，遙控器在上帝的手中，由祂給的風與浪決定，由不得你。這三天航行下來，兩種情況交替考驗也算挺過來了。

海上航行是條孤寂的路，既然是雙人舟，兩人各有責任，鬆懈不得，隨時面對自然的挑戰適時的做出回應，把船穩穩地往前開。我們就這樣渡過後龍溪出海口外海一片驚險的浪陣，船切回陸緣，回復平靜後，數著一支又一支的風力發電塔前進。此時手機響起！網路上的朋友 Jack Fung 正在岸上等著我們，來打氣加油。他說：「這裡是苗栗的好望角。」我們繞著那片圓凸的海岸轉啊轉，終於看到了！互相揮揮手。海岸都是大卵石灘無法靠太近，帶著電話中的祝福，繼續開向苑裡。

苑裡港包著一條小溪，正逢退潮，水從港內流出，駛船入港道等於在溯溪，潮差大，靠了碼頭還要爬上二層樓高的階梯。到了岸上，又一位網路上的朋友緯民帶著全家人，還有豐富的補給品從三義前來探視，並帶我們到五金行補給掉失的小插銷。

從兩個月前我們就開始耕耘社群網站，把計畫、過程公布，除了保留紀錄，也

給自己達成目標的壓力。出海前的過程：從造船、試航、申請漁港停靠……等等，如此辛苦的經過可以印證海洋前輩的話：「環島最困難的是跨出陸地，不是在海上。」感謝在陸地上這些網路朋友的鼓舞和無條件的幫助，你們是這趟航行的背後推手！

DAY-05

白海豚伴航

6 月 27 日 苗栗苑裡漁港→彰化鹿港崙尾灣漁港

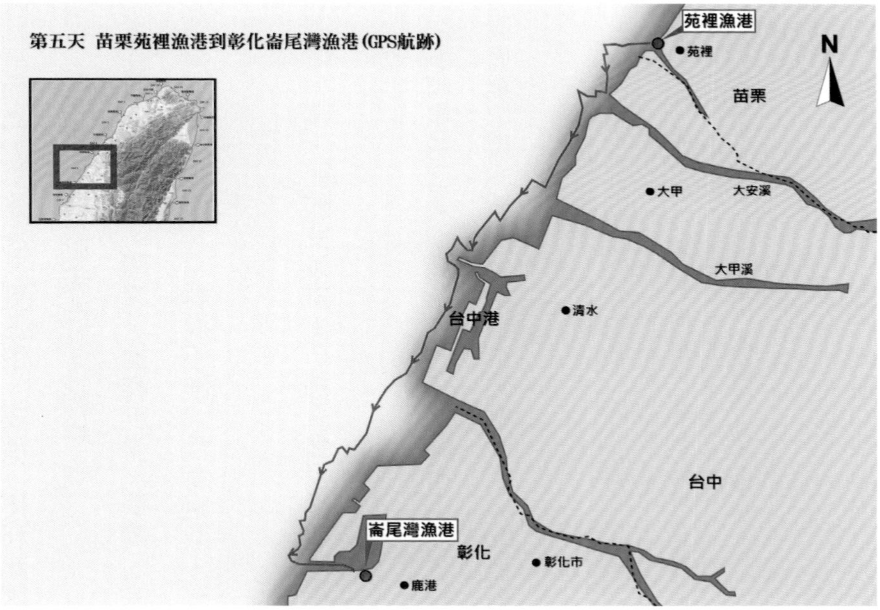

航行路徑：64.4公里

無動力小帆船海上環島不比腳踏車環島，沿途沒有霓虹燈、夜市、便利商店、摩鐵。晚上必須要靠岸，除了找地方休息，也要處理隔天的食水補給。

帆船不像獨木舟那麼靈活，有了沙灘即可衝浪、翻滾、搶灘上岸。臺灣的二級漁港已開放給非漁船停靠，但是必須事前提出申請。申請准不准，沒有定則，幾乎全是地方政府漁管機關的自由心證。

海上環繞自己的國家，好像在周遊列國，國國要簽證！彷彿回到了從前落後無賴時代的感覺。

這次，我們一共向靠海的十五個縣市申請出入漁港公文，三個縣市不准，打敗部復活再申復，過兩個。臺中是最後放棄申復的城市，臺中市政府漁業局的被拒理由：

> 本市轄二類漁港屬候潮港，港區淤積並不適合船舶進出，且刻正規畫港區疏浚，故考量水域空間利用、漁筏進出作業狀況及航行安全，歉難同意貴申請。

估算了一下，我們可以不在臺中行政區靠港過夜，因為該區的海岸線不長，從苗栗最南的苑裡港，一天一口氣開到北彰化的鹿港是可行的。

早早出門，還是要頂西南風逆風而行。陸地來到這裡已經不會像前幾天桃竹段那麼荒蕪單調。海線鄉鎮市從通霄以後一個接一個貼近海邊，公路鐵路也靠過來了。順大甲左右兩條溪谷可遠望及中央山脈，市區建築背有鐵砧山，船側的海域陽光閃耀著碎銀花。果真是北部壞天候過不了火焰山，天藍海更藍。

過臺中港，等大船出港，有趣的景緻配合好天氣，不能上岸臺中的壞心情一掃而空。接著高美溼地、烏溪口，得到海洋對流風之助，順利離開臺中，進入彰化。

景觀又變了，一旁陸地上，西斜的午後太陽照過去，都是填海造地出的工業區。正在感慨環境變遷，斜陽照出船前一百公尺處四、五個白色巨大滑亮的身影躍出靛藍水波面。

「白海豚！」兩人不約而同的大叫。接著就是一陣混亂翻找相機。誰會想到要在工業區外海照相？「追！」是張宗輝找出相機後的下一個口令。我放棄拿手機，顧好人船安全，讓他專心拍照。

我們靠風的帆船哪能跟海豚比速度，順著風向，兜了一圈，海豚也逗著我們，從右舷潛下、從左舷冒出，向光變成逆光，讓我們前後兩段影片一段是白海豚，一段是黑海豚。看了牠們上上下下躍出四五次後，漸行漸遠，才驚覺到太陽西落至海平面不遠了。時間不多，天也快黑，海流增強，趕緊靠向岸際，前行找尋我們申請夜停的鹿港崙尾灣漁港。

工業區填海地的護堤長長地伸出海上，堤後方仍是荒蕪空地一片，堤緣完全沒風，甚至逆流。天漸漸黑，看了手機地圖，堤防尾端還要轉彎繞過邊角進去，順河道上去卻完全不知道港在哪裡，心有些慌。要趁天黑前繞過岸角，只有取出槳，套上船身奮力前划。進了寬闊河道天已經全黑，昏暗中可見岸邊釣客，靠過去問路，只能得到他們遙指遠遠高架橋亮燈處的答覆。

這是潮水港，水漲起才能進港。一輪明月升高，潮水一直在漲，河道上有風，開著手電筒，朝著明月和路燈的方向前去，看見一排筏船，找到港了！

小知識

根據美國國家海洋暨大氣總署（NOAA）的研究顯示，臺灣的白海豚數量低於一百隻，實際的數量可能不到七十隻，被列為瀕危物種。

連續翻躍而去的白海豚

過大甲溪口鐵砧山

DAY-06

馬車變南瓜，滄海變蚵田

6 月 28 日 彰化鹿港崙尾灣漁港→彰化芳苑漁港

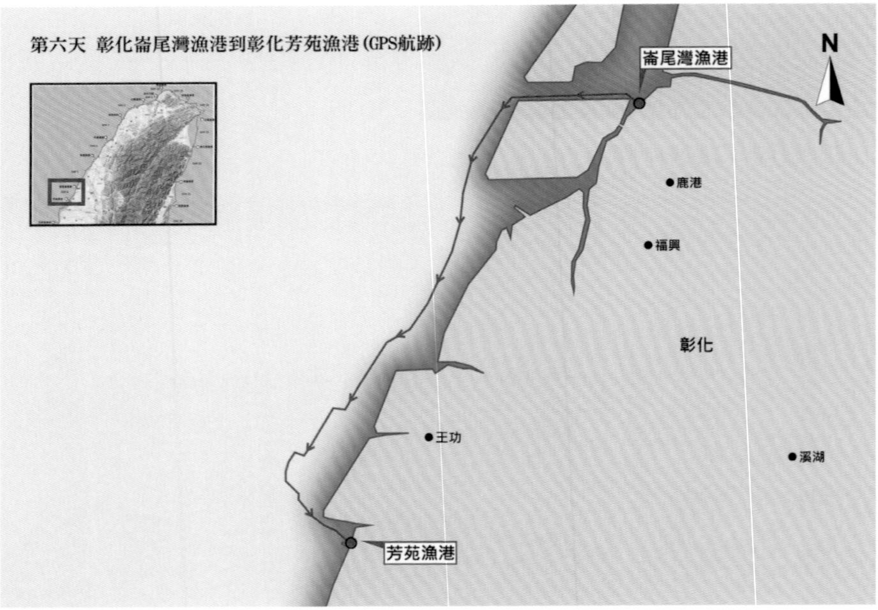

航行路徑：26.8 公里

昨天摸黑進港還算順利，今天清晨天方亮，看到漁港內所有船都坐在泥灘，港內的水和水稻田插秧期差不多，只有淺淺的一層。時間分秒過，水漸漸升高，等到漂起、船能動，我們就要搶出門了，沒風也得走，順著慢慢的流水，我們漂在工業區的外水道上吃早餐，岸緣一排發電風車全靜止不動。

沒風的時候就要等風，陸地被曬熱後，熱空氣上升，海上冷空氣會由海向陸填補，形成最有利帆船航行的側風，約莫在上午十點前後，船終於動了！

但不是出得了港就好，下一站入港能不能在天黑前搶搭潮水進去，還是個學問。如果沒算準，退潮後，會變成船停在一片沙漠中，而有人煙之處可能遠在三、五公里之外。碰到那種情況，怕離開再回來找不到船，也不敢貿然上岸，只有在海上過夜。要上岸，得再等六小時天黑後下一次漲潮，才能摸黑找港登陸！

根據今天的潮水，我們要在下午三點前上岸。萬一錯過，再下一次潮水就要等到晚上八、九點了。在外海航行三小時，看到村落，芳苑到了，辨認出金黃的廟頂，直向對岸開去。

不過接著要面對退潮的考驗！最底潮的流速特別快，當船快速的朝岸前進時，潮水也在快速的往後退降。為避免「犁田」，將中央板直往上抽，最後船舵也不能用，水深大概只剩三十公分，我們繼續衝！準備好船頭繩．兩個人跳下船，在淺水灘中拉船，奮力向前奔跑。

這好像運動會上在做最後衝刺，我們跑了一兩分鐘，突然水全沒了。前方一陣嘈雜，抬頭往前看，堤上一列鐵牛車轟隆隆開了下來，我們和船離岸堤大約四、五十公尺！回頭看，大海岸線有數公里遠，已退到船後方遠遠的海平線邊緣。這裡一小時前還是漁民的船筏世界，一小時之後，變成鐵牛車縱橫的公路網。一輛輛準備去載收成蚵仔的鐵牛車從我們旁邊經過，向海開去，剛才還在水上漂的漁船則散坐在沙灘四處。

潮起潮落，船去車來，陸上觀光也許有趣，但開船、走海路搶灘心情就不一樣。我們的盜壘成功登陸相當辛苦！

才下午三點多，豔陽高掛，還有足夠時間尋找民宿、打理休息。好幾天在只有野狗的港邊宿帳篷，偶爾也要入市區好好用個餐，洗去一身髒汙，並住一宿。

約莫五、六十年前，漁民還不知道船外機是何物的時代，沿海的捕魚人家都用小船或竹筏掛風帆加雙槳仔出海。如今機械動力普及，發動繩一拉，膠筏就如箭上了弓弦，飛奔出去，油錢還有政府補助，漁家都忘了那段與風共舞的辛苦歲月。

我們的小帆船下午搶在潮水未退，進入沒有港堤的潮汐漁港停泊，夜晚擔心潮水漲起，繩索沒綁妥，船會漂走，於是摸黑走出堤外，沿退潮後的鐵牛車道去巡船。在船邊忙了一會兒，黑暗的灘上，車道傳來悉悉索索的鐵軸摩擦聲，一盞光束逐漸逼進。到了船邊貼近我們。原來那光束是只手電筒，照上船身反光才看出一位騎腳踏車的老阿伯身影。

「就是你們喔！」老先生出聲，好像跟我們很熟似的語氣。

「我聽賣檳榔的說有一架沒掛車仔（船外機）的帆船開入我們的港，說是臺北來的，在環島，特別來看一看！」似乎我們在海路出現，給了這個偏鄉小漁村沒幾戶的平凡討海人一點新鮮話題！

在月光下，他手執手電筒，把我們的船端詳了一番，也聽我們說明如何駕駛這西式帆船，聊了一會，老漁民居然也懂我們說的流體力學，插水中央板與拉帆鬆繩技巧！原來他經歷過那沒有船外機僅靠風討海的時代，曾開過竹筏掛布篷帆捕魚。

好一段有趣的跨時代對話，談的是古今能互通的內容。

1 我們的小船
2 抵達後潮水遽退
3 隔天出發時潮水漲起

充電再出航之3

認識海象，了解潮汐

西諺說：「光陰與潮水不等人（Time and tide waits for no men）」，政論節目流行的一句話：「等潮水退了就知道誰沒穿褲子。」

在淡水河玩船多年，我們有自己在漲退潮行船上岸的金科玉律：「只有滿潮前兩小時與後兩小時可以玩。」過了這四小時黃金期，潮水退了，泥灘露出，又臭又黏，跟灰姑娘下場一樣，馬車變南瓜，而我們水手的遊船，則變地瓜！

臺中往南行之後，到臺南曾文溪前，這淡水河經驗很重要。但是他們的漲退潮，不是淡水河經驗十公尺內外，而是以公里起跳，瞬間滄海變桑田。當然海水長不出桑，滄海變蚵田倒是真的！

這裡的漁港叫做候潮港，候潮港受到潮水時間限制，不是隨時可進出。潮水上，進出港；潮水退，港打烊，不接船，也別想出去，因為船全都著地，動彈不得。也因此這種港只能停平底的排筏，不能停尖底漁船。潮汐時間可不像公車班排時間，每天一樣。你可以套很多善變的人、事到「×××像月亮，初一、十五不一樣。」，說潮水，正是如此。

在這潮汐港進出，我們理出了一套進出港搶灘的功夫祕笈：這是一個漲退潮的時間表，每二十四小時會有兩次低潮點和兩次滿潮點。排除最低潮水時間的前三和後三小時，也就是水平線以下的灰色低潮水時段（每個地方會有微差時間）無法出入港口，其他時間就是能進出港時間。只要將潮水升降圖套上日出日落能白天航行的時間，就可以推算出每天需多早能出港、最晚何時一定要趕回港。舉例：紅線那一天最低潮點正落在上午六點與下午六點，如果早上六點低潮，那下午六點也是低潮。

不能夠進出港上岸時間就是上午三至九點，和下午三至九點（凹至谷底的灰區塊）。

配合白天航行作息：上午過九點出港，下午三點以前就要進入下個港，錯過了就要在外海過夜或等天黑後的下個潮汐，晚上九點後再

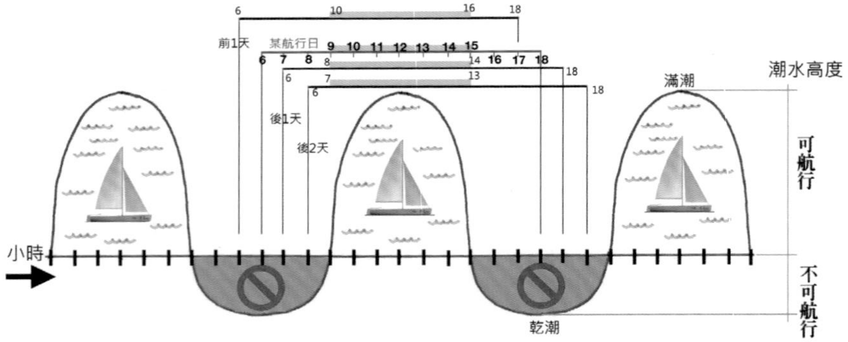

潮汐進出表

摸黑進港，像是我們在芳苑下午三點前的搶灘，後一天早上變成七點低潮，進出港時間則延後成：上午十點後可出港，下午四到十點間無法入港。其他日子依此類推可得到一個週期循環。

中央氣象局
潮汐預報

小知識

1. 其實潮水是每隔一天差五十分鐘。四捨五入成一小時較好記。
2. 高潮與低潮時差六小時為平均值，各地方會有一小時左右的差值。
3. 潮水時間表可在中央氣象局漁業氣象查詢，臺灣各地的時間不同。
4. 本表適用在高潮差的西部沙灘沿岸，東部的潮水受洋流及地形水深影響潮差不明顯。

DAY-07

跨越濁水溪

6 月 29 日 彰化芳苑漁港→雲林臺西五條漁港

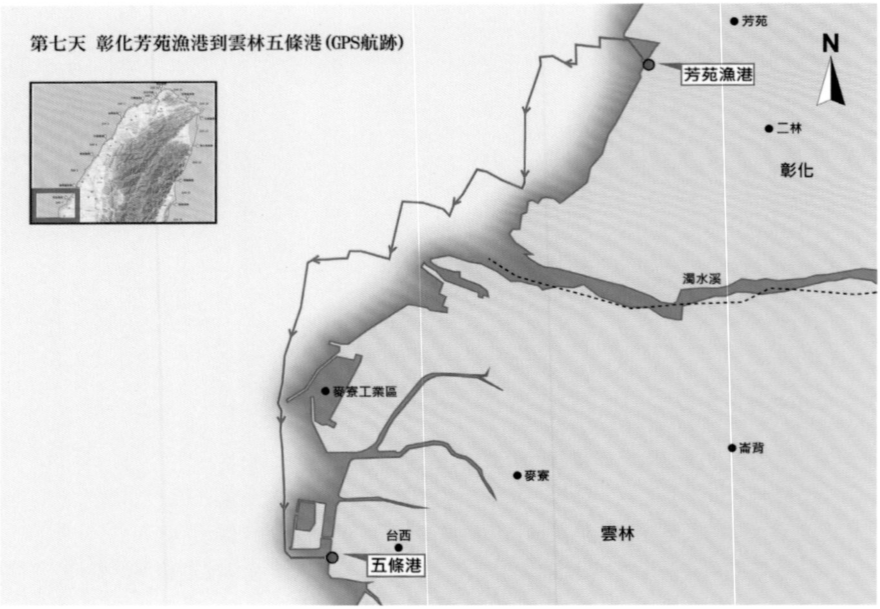

航行路徑：42.8公里

「跨越濁水溪」——今天的行程是好熟悉的一句臺灣政治話語，對政治人物和航海人都代表野心的躍進吧！

船行至此，一路以來的藍海開始轉混濁，不知不覺間船已置身濁黃一片。嘉南一帶豪雨剛過，泥色估計是上游山區沖下來的，不時船底會傳出碰撞聲，在風力很平順下總覺得航行速度卡卡的。帆船的船身有兩個伸到水下的構造，在船前三分之一處中央插下水的是塊中央板，用來卡水免於帆受側風時船側滑不能直行。還有一個是背後的舵，負責船尾轉向。

宗輝在前管中央板，我在後面掌舵。因為我們的海洋受到汙染，這兩件深入水中的船件偶爾會掛到陸地出來的漂浮物。問他檢查一下有沒有卡住物品，中央板抽起檢查：沒有，他質疑我掌管的後半部，挨過來看我的舵尾，居然卡了一粒濁水溪大西瓜！被他唸了一下。這顆大西瓜被水泡軟爛，船舵成了「西瓜刀」。我們過去的海上航行經驗，騎過漂流木、卡過塑膠袋也掛過漁網，但今天切到西瓜還是頭一遭。

弄掉了大西瓜，船快速的往麥寮六輕填海島繞過，人工島突出海上的面積很大，向海那面還有大輪船港。臺灣西岸填海造地越來越多，從衛星地圖看，往往很突兀的凸一大塊在平順的海岸線上，有如臺灣老公寓，一家家為了爭地，飄浮在半

六輕上空，有一朵永遠吹不走的大白雲。

空中的鐵窗。

人工島位居化外之地，海風成了排除汙染的助力。據說六輕上面因為排放熱氣全年無休，造成永遠有朵風吹不走的大白雲，航行而過觀察，確實有。晚上船停入六輕南邊臺西五條漁港，北望燈火輝亮的六輕廠區，頂上那朵神奇的大雲仍然在。

DAY-08

越障礙過三關入港，港名型厝，行程受挫

6 月 30 日　雲林臺西五條漁港→嘉義東石型厝漁港

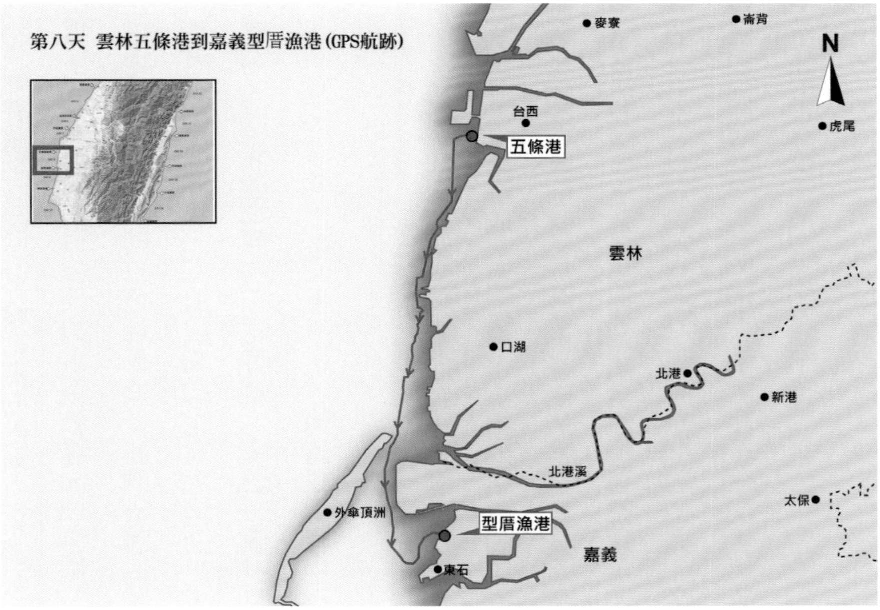

航行路徑：34.6公里

東石一帶是臺灣西部的大型海域青蚵養殖地，隔著外傘頂洲的內海全布滿蚵田。

在航近外傘頂洲之前，海上出現了一道道長數百公尺的白色浪牆，一道接一道向南綿延，不知盡頭在何處，這是當地深海入淺海的特色地形浪。我們沿著浪牆外海航行，伺機找尋兩浪牆間隙切入牆內，才能進港。這浪牆高的也有近一公尺半，向陸地方面推進，牆頂翻白，狀頗嚇人。以戒慎恐懼之心開著船，深怕一個不留意船插浪被掀了。跨過一陣顛簸進了牆內淺海海域，水面平靜了，風讓我們有平穩的速度爽爽一直向著岸向開去。

「有障礙！」進到外傘頂洲內海，一片水面上竟漂滿巨大的竹筏，每一片浮台都有半個籃球場大，用三四層又粗又長的竹子交錯綁成。浮台間留下歪斜交錯的航道，寬窄類似在臺北市的巷道開車。帆船又必須看風向轉，好幾個逆風的航道要在十公尺寬巷道連續做之字形轉彎迂迴航進，只要有速度，都是快撞到浮台才快速轉向。

越過了浮台區，潮水未退，陸地堤岸之前，是另一大片汪洋的水域。第三關挑戰來了，不要看到藍藍一片水就傻傻地以為是海，直開過去。這裡可還是青蚵的養殖地，只是養在水底下一個目前看不見的世界。

蚵的養殖架有兩種，一種是竹筏式，三層的粗竹竿綁成格狀，每一個都有九到十公尺見方，漁民用膠筏拖到比較外緣的海上布放，竹筏下掛滿線吊蚵殼，用來養殖幼蚵，我們剛才闖關的是這種，看得見躲得開。

另一種，現在我們要面對的第三關，這是錨釘在潮間帶海床的柱架，結構相當堅固，有許多鐵的架構和海床上的水泥建構，退潮時露出水面，漲潮時淹沒，鐵架撐起一支支的竹子，固定在水中養蚵。如果不避開，撞到的話跟碰到礁石擱淺的狀況差不多。甚至一時處理不好，潮水一退，船還會被水泥樁和鐵架撐住掛在半空中！或許你會有疑問，這樣布滿蚵架，或沉底、或漂浮在上的海域，漁民怎麼行船？在地人的智慧就在這裡了，他們在蚵田間留下了巷弄般的航道，漲潮時讓工作筏通行，整理和收成外海的筏台養蚵。潮水退後，陸地露出，航道下面岸緣到海緣有二、三公里遠，這翻轉成陸地的船航道，即刻變身成鐵牛車道路網，漁民用鐵牛車去收載比較近岸的沉底柱架養殖蚵。

怎麼在水淹時走這看不到的航道？GPS辦不到，孤狗地圖也沒標！當地漁民用插竹竿，立鐵柱樁露出水面來辨識，他們稱之為（杙仔）的木樁還有區分成打交叉的、三叉的，告訴你航道的起終點，以及何處不可行。還有用有色塑膠袋或輪胎綁在海上高立的竹竿頂來分地盤，儼然是秩序井然的交通系統。我們外來的船不懂行船規矩，隨便亂開，就是把船底刮得傷痕累累。

帆船的船身需要插入水中一片防側滑的中央板，入水快一公尺，還有控方向的尾舵，也入水差不多深。這一區宛若入地雷區，到岸還有一、兩公里遠。

先前問了一下漁民，還是要摸著石頭過河。於是一人趴在前掃雷，一人在後面掌舵。三不五時咔咔聲，中雷！一路碰碰撞撞，進到了最深入的型厝港。登岸把船拉上，在海巡哨所的後院，將船做個總檢查，船底都沒問題，惟有中央板箱固定處被撞鬆動。討論後決定暫停一天，宗輝回臺北帶材料工具來修理。

宗輝坐下午的客運回臺北找尋工具和船料，今晚留我一人在港邊宿營。隔日，網路上的朋友 Wei-Ren Lai 介紹一位自由時報駐嘉義記者約訪。

閒著沒事，在船身畫上我們的行程紀錄，無聊的環航水手好像都是這麼打發時間，回到家也滿載完整航行記憶。

蔡宗勳記者的採訪隔幾天後刊出在南部版自由時報新聞。

下午，人回來船料到，不到一個小時就把鬆脫的中央板座修好了。

再宿一夜，突然在半夜間下起大雨。驚醒趕緊收起裝備帳篷，躲入海巡哨所，沒多久天亮了雨還不停，向南望去烏雲一大片。氣象報告說臺南、高雄的熱低壓帶來豐沛雨量，出航不樂觀。

船壞了不是問題，天氣壞了，休息吧！心裡不禁要嘀咕：來到此港，正如其名，型厝，行挫，行程受挫！

竹筏浮台式養蚵架

漲潮淹沒的錨釘海床養蚵架

修船

DAY-09

數著片片的黑雲，我離開了你

7 月 5 日 嘉義東石型厝漁港→臺南將軍漁港

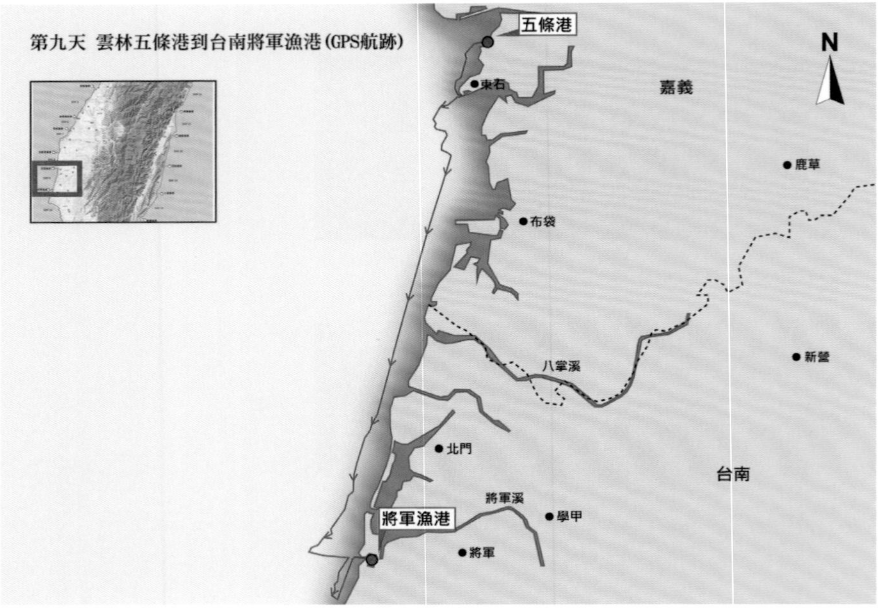

航行路徑：44.9公里

二〇一八年的這個夏天南部多雨，一反往年的乾旱，臺南和高雄雨多到鬧水災。躲了多天的大雨，終於，雨停歇了。

早上把船從海巡哨所後院拉到下水斜坡，漁民卡車正在載運膠筏採收卸下的一簍簍青蚵。遠望天空，北邊有個低壓雲帶，遠遠的南邊也有烏雲，我們這一段則是雲朵時聚時散，最後決定不再等，出發了。

問過漁民出海的航道，昨天下午退潮時到東石漁人碼頭堤上，看怎麼找航道躲避蚵田。幸運的是正有採收蚵仔的船筏穿梭，我們趕緊隨後追行，順利駛出蚵架區，來到外海的竹筏養蚵區。但壞天氣仍不放過我們，突然烏雲飄過，下雨了，颳風又起浪。趕緊靠到蚵筏，將船綁住與筏共漂，隨著大浪上上下下，躲了陣陣強風急雨。

很快的風小，雨停了，繼續南下！回望嘉義方向，天是黑的，前看臺南方向海上，則見到了些許藍天，太陽露臉了。

今晚的預計前進臺南，停靠處是青鯤鯓漁港。

臺灣沿岸，有兩百二十多座漁港，平均每航行八點八六公里就會遇到一個漁港，占海岸線的密度之高，可能破了世界紀錄。我們選擇停靠漁港的方式大抵以每日前進四十到六十公里間，選個不會太僻鄉，步行三十分鐘內有商店小吃店，但又不繁忙的小型港為主。

到達青鯤鯓窄窄的防波堤口，在外面被北向的流帶走，久久對不進那窄港口，來回幾次對上衝入防波堤內，想進港停泊，實在不如想像中那樣順利。

眼前又窄又直的河道，漫長且遙望不到彼端，港呢？在水一方！風由內陸向外吹，頂風航行已不容易，更困難的是河道水挾著退潮威力，滾滾而出，像水庫在放水。港嘴窄巷、逆流、逆風，對沒有動力的帆船，無解。

放棄入港，出港堤回頭行四、五公里，進入五星級的將軍漁港。海巡讓我們停泊，但要向港內市府設的漁管辦公室補辦手續。

港好大，海巡熱心借我們摩托車才到得了另一頭。手續辦妥，天未黑，漁港賣遊客海鮮的全收攤了。騎到將軍鄉找吃的，小鎮裡最熱鬧點竟然是便利商店。

竹筏養蚵區與採收蚵仔的船筏

DAY‧10

巧遇同是環島人

7 月 6 日　臺南將軍漁港→高雄南寮彌陀漁港

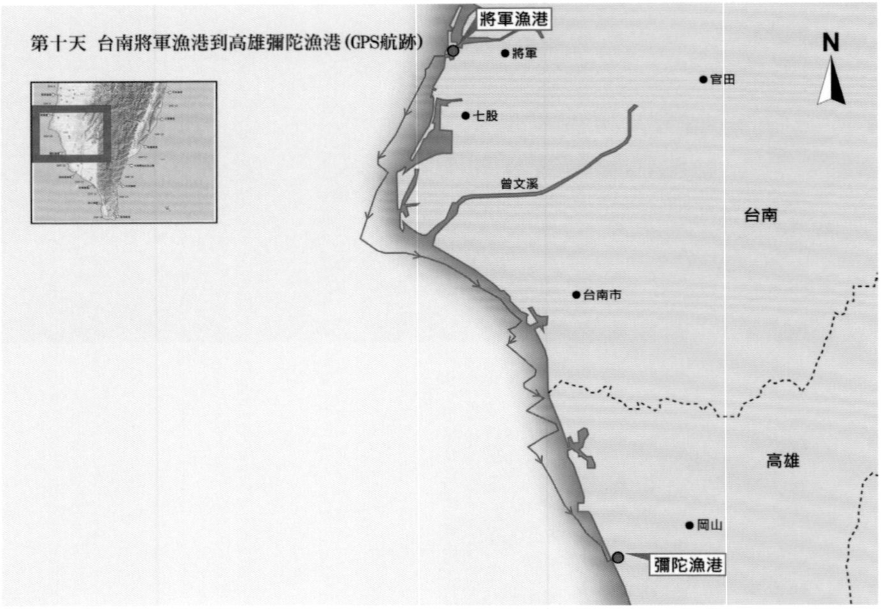

航行路徑：74.5公里

臺南、高雄被熱低壓騷擾了一個星期，昨天暫留一天坐客運跑到安平，面向南看浪況。

今天早上見到了陽光。出航再往南，首先得過曾文溪口——臺灣本島最西角，行過這種島嶼極端點對流水最要戰戰兢兢。臨行前再向要出港的漁民探聽，他們回答：那裡的浪「足派」（很兇）。

將船整備做好萬全準備，加上有了戒慎之心，船在顛簸間安然渡過！轉過臺灣最西角，南向望去，臺南高樓參差在海岸內緣。一直有很好的側風，順利航過臺南市，接著一路直線南下。近高雄的這段首先要繞過長長兩公里由陸地伸出到大海的船舶天然氣裝卸站，接著再回到岸際。天沒黑，我們順利進到了高雄岡山的彌陀漁港。

進了彌陀漁港，阿諾和阿嘉在港邊迎接。阿諾是我們在基隆的造舟社團認識好友，住臺南，經常跑基隆、臺北參與活動，有著南部人的陽光熱情。我們趕著天黑前讓阿嘉開車載著去吃晚餐和採購明天的糧食，就先跟阿諾道別。完事再回漁港，天已黑，見阿諾還在等我們，身旁多了兩位小女生，要跟我們聊聊。

這漁港不是什麼大家熟知的觀光熱門地，卻以公園形態建設得有模有樣，架高木地板，雙層觀景台、沿著草坪還有地燈。吹著海風，燈光美氣氛佳。

找了亭子坐下，話匣一開，阿諾先介紹兩位小女生。

原來是阿諾值消防隊的班時，她們前來詢問今晚可有恰當場所供她倆住宿。兩國中小女生正利用暑假在徒步環島。熱心的阿諾不但幫忙她兩人打點好住宿，還約來會一會開帆船環島的兩位大叔。

同是天涯環島人，在這個節點相遇，我們非常佩服她們的年齡而具有這樣的勇氣。人生有兩個紀錄可破，一個去寫最年輕的紀錄，這個機會我們已經錯失，沒關係，後頭還有個年紀最老的紀錄可以追。

聊著，天空開始飄細雨，明日兩組人馬，海陸兩路，順逆時鐘各奔前程去完成各自的人生壯志，互相祝福，也希望別變天！

延伸到大海的天然氣裝卸站

DAY-11

颱風前的逆航

7 月 7 日　高雄南寮彌陀漁港→高雄鳳鼻頭漁港

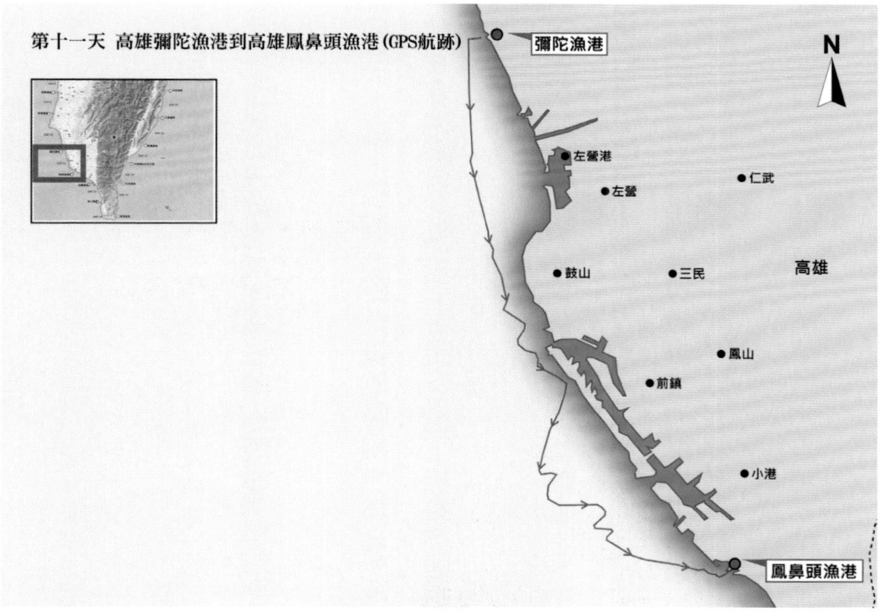

航行路徑：41.2公里

昨晚飄了一陣雨，南海有數個熱帶低壓正被觀察是否形成颱風。

西方的水手有句俗諺說：

Red in the morning, The sailor's warning.（早晨出現紅色天空是行船人的警訊。）

Red in the night, The sailor's delight.（傍晚出現紅色天空是行船人的最愛。）

前一週新竹一路到雲林，每天頂大太陽，我們一路升級遮陽帽，從北部僅遮頭，進化到南部僅露眼，每個黃昏都在在漁港賞紅通通的夕陽落海。今早高雄彌陀漁港，平常晚霞的紅變成在日出時出現，這不是好兆頭。

由網路氣象資訊已預知下午風浪轉強。數據上風的級數與浪的高度都在我們能掌握的範圍，於是出發了。目標：跨高雄入屏東，可能的話趕六十公里到楓港。

颱風前陽光亮麗、風力強穩。從船左望平原到高雄結束，海邊出現凸起的山頭，目標明顯，就是壽山。

平常晚霞的紅變成在日出時出現，
這不是好兆頭。

山是會擋風的，越近山，風越小，速度越慢。港外散泊著數十艘大輪船，向著其間穿梭而過，高大的船也是會擋風的，就這麼走走停停，穿過船陣。

山隱沒的那端是入港航道，三艘大貨輪正在進出，小帆船比起來如小雞遇上貨櫃車。大貨輪的移動速度，在平整的海面上相對於小船的低視角，以人眼觀測角度，會產生視覺差異，且我們在讓行與搶行的抉擇中，又要顧慮帆船依風轉向的切角做判斷，沒算準的話，行程和小命恐怕要終止在此。幸好宗輝很有經驗，給的指令很果斷！很快得以穿過了這危險區。

越過港口航道，壽山沒了，旗津的沙灘前風力又恢復正常，過中午，風越來越大。這些年來，臺灣西海岸港口海堤不斷往外擴建，緊臨著又是一塊塊填海造地的工業區，這些海上長堤或海岸直角凸出海岸往往有數公里遠。原來大自然海岸線是圓滑平順的，海潮、風、浪，以至水中的魚，平順的來、平順的去，相安無事。現在凸出這些土地障礙，在航行上不但要繞行，風與浪在呈九十度直角的堤前推擠，加上潮水宣洩改道、互相壓迫，種種因素下來，這種地形變化的海況有如在洗衣機內滾動的衣物。

下午在高雄新建二港南堤外，海象起了變化。外海的浪頭漸起白花，再前去，風強浪大，海流也增強不少，對我們的方向迎面而來。這個填海地自內陸向外延伸出去約二公里遠，邊緣呈直角，我們就這樣被推出外海，攔水堤瞬間把累積的水釋放，海潮勢不可擋。

轉角前，我們遇上逆風，於是做了離堤、向堤再離堤、再向堤的數次迂迴前進，但是到堤終端轉角之間，怎麼全然沒前進？風越來越大，浪越來越高，無法突破堤角，原地踏步遇難的可能性越高。兩片帆被風漲得鼓挺，風給我們足夠動力，但向前推進的動力都被海流抵消，必須得想辦法增加速度才行。

船艱困上岸後，免不了要維修檢查一番。

外海浪大，不敢再切出去，唯一可行，就是兩個人協力將身體重心再往船外多一點，讓桅杆挺直起來，帆去吃更大的風力。我們掛出的身子連續的被浪打濕，終於漸漸迫近堤角，腰已酸到不行，懸掛在船外的屁股不知被激起的浪沖洗了多少回，下半身全濕，臉上汗水和著激出的海水，終於……從九十度的堤緣離岸一公尺外，切到了過角的另一邊。歡呼，過了！

這頭，前去二十公尺前堤下肉粽堆，一艘中型的廢貨船傾斜掛在礁石上，拍打著海水，我們很能體會到這艘船怎麼遇難。越來越強的風浪打消我們繼續往屏東航行的念頭，就近查看地圖，有個鳳鼻頭漁港，於是往那邊避風浪去了！

開進鳳鼻頭港時，看見漁民叫來大吊車，一艘艘休閒海釣船被吊上岸，聽他們說颱風來了。

十一日瑪利亞颱風發陸上警報，我們的航程暫停幾天，把船拖上岸，反蓋在船寮邊空地，五花大綁，躲颱風去。

充電再出航之4

認識海象，了解海流

海水是流動的，因風而起、打上沙灘的浪的是一種，出遠洋遇到的洋流是另一種。風造成的水流，對帆船影響不大；大洋的洋流，沿臺灣海岸航行碰不到。

但是，我們沿臺灣海岸環島，會碰到第三種對航行方向不是逆來就是順推的海流，強時像湍急的江河，沿著岸緣滔滔逝去。在海上行船，船速受此海流的影響極大，帆船的風動力不足以對抗時，還會倒退，令人心生恐懼。這種海流叫做潮流（tidal current）——不是時尚流行也不是政黨派別，是因為漲、退潮讓海水升降所引起。

月亮繞地球時，兩球體之間有吸引力，兩者互相牽引，除了讓彼此不會相撞，也不會甩出對方。然而，地球上的水是漂動的，這個力量會把水吸向偏月的那一邊，同時，背月的另一邊海水也會被甩向外。這是物理學宇宙篇教導我們的潮汐基本知識。

因此，淡水河每天會有兩次海水漲起，一次是月亮在上升中以至頭頂上為止（記得白天也會有月亮，只是肉眼看不到），一次是月亮跑到地球的另一邊，在美國上空。這時海水流進河內，河水逆流遠達基隆河汐止才停。當月偏西時，水就回降。古時住在臺北盆地基隆河、淡水河流域的平埔、凱達格蘭族就充分利用這會轉變流向的河，用他們稱為「蟒甲」的獨木舟，載鹿皮、山產順退潮流到淡水街上和漢人交易，換得想要的物品，滿載順著漲潮流回家。

這一來一回，讓不懂水的漢人看了傻眼，有云：

蟒甲以獨木為之，大者可容十三、四人，小者三、四人，划雙槳以濟，稍欹側即覆矣。番善水，雖風濤洶湧，如同兒戲；漢人鮮不驚怖者。

——唐贊袞《台陽見聞錄》

河的流向很單純，漲退潮很容易辨識且得以計畫應用。可是在海上環島沿著岸緣平行走呢？什麼時候可以獲得順潮流之助，什麼時候又會苦哈哈逆潮流行駛？既然這樣的沿岸流起因於潮汐，中央氣象局有整月潮汐預測，那麼掌握潮汐時間可以預知而加以計畫嗎？答案是可以，但只答對一半，臺灣的北部、西半部可以；東部岸則變化難測。為什麼會這樣呢？

下頁圖可以說明，漲潮時高漲的海水像是一道波浪，緩緩跟著月亮運行方向，由太平洋流向臺灣東岸。東岸與波峰帶平行，水平均的升高下降，沒什麼南北流動。但是北部和西部就不一樣了。退潮後的臺灣海峽如同一個空水池，這個波潮帶來的水分兩向，由南北兩個開口灌進來，所以漲潮時臺中以北的海水向南流，臺中以南向北流。臺中附近因南北流相會，潮水高低相差特別大。

退潮的時候則相反，裝滿水的臺灣海峽要把水排掉，於是臺中以北海流向臺北流出，臺中以南海流向高屏流出。

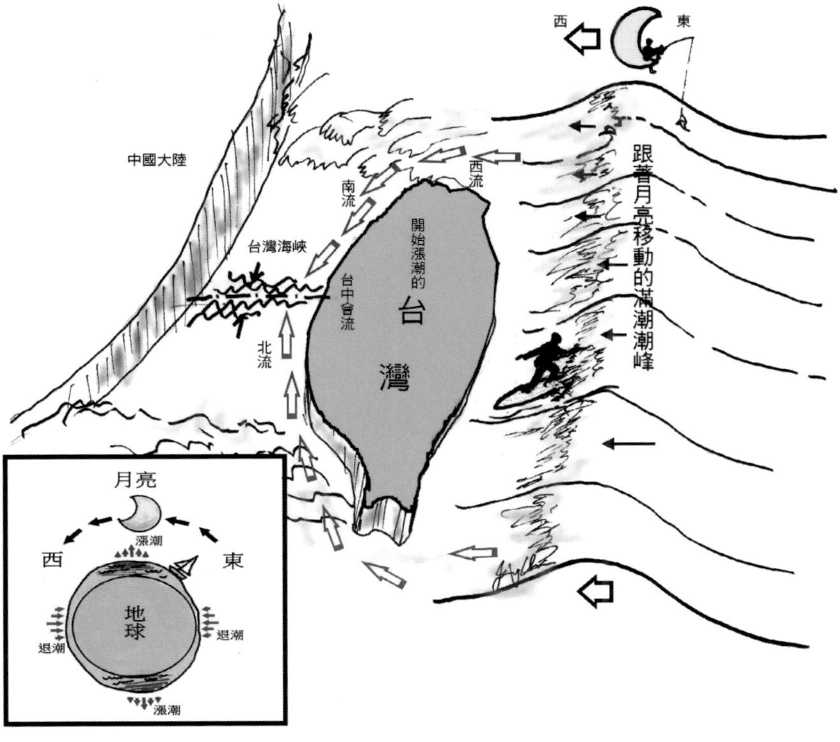

臺灣附近海域的潮流？

臺灣附近海域的潮汐現象大部分地區均屬半日潮性質，每日兩次漲潮時，太平洋潮波自臺灣海峽南北兩端湧入海峽內，交匯於臺中外海一帶；退潮時方向則相反。至於沿海各地潮流方向，一般認為滿潮後沿岸的潮流方向會開始轉為反向，乾潮後潮流方向再轉為反向，但是實際的流況則又與當地的地形及水深有關，各地有各種不同的變化。此外相對於每日短時間的潮流變化，穩定而長期影響臺灣附近海域的海流則是黑潮，黑潮主軸沿臺灣東岸終年向北流，其支流有時也會繞過臺灣南端北上臺灣西岸，黑潮流速流量，分布的寬度及深度會有季節性變化。目前中央氣象局並未有海流的觀測，也沒有提供潮流的預報。（來源：中央氣象局海象問答）

DAY-12

颱風過後

7 月 14 日　高雄鳳鼻頭漁港→屏東枋寮漁港

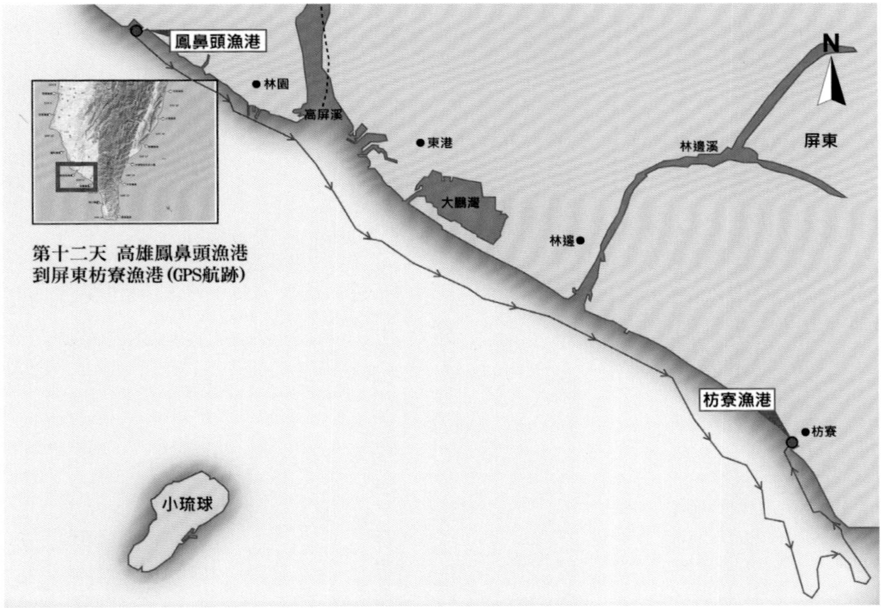

航行路徑：47.5公里

古今東西方世界，航海人都有自己的迷信與禁忌。雖然我們不是基督教徒，但西方人認為「十三」這數字不祥，好像從我們小時候就根植在腦海裡，如果再遇上星期五，「西洋黃曆」一定會告訴你，此日諸事不宜！

我們的航程在七月九日越過高雄，經過十、十一、十二日，之後如果繼續航行，就是七月十三日星期五，會航行在海上。

九日上岸躲颱風，十一日瑪麗亞颱風到，隔天雖然天氣變好，可是颱風後的長浪還是不利航行。乾脆再躲不吉利的十三日這天。從臺北坐客運返高雄，計畫在港邊宿一晚。往鳳鼻頭的公車司機見我們這麼晚還帶大包行囊坐昏暗的公車前往鳥不下蛋的漁港，把我們當成菲律賓漁工，一路稱讚我們總統有魄力。

躲過了颱風，在港邊睡一晚也躲過了十三號黑色星期五，接著七月十四日繼續由鳳鼻頭漁港出發，往恆春半島前進，果然很順利。

颱風走了，天氣放晴，一早起來航過高屏溪，遠遠的斜吊橋口，大鵬灣開出兩艘無動力帆船。有點距離，大小如同漁民布網浮球上的三角旗，看來再往墾丁，海上會有帆船同伴。

小琉球在右邊，東港的客運快艇來回穿梭，今天星期六，很有假日休閒的氣氛。過了枋寮原預計再往枋山去，但海流不順，跑了一半作罷返回枋寮漁港。

第一次停靠到港邊就有很熱鬧的城鎮市街，再加上有在地船友楊雄的熱情接待，夜晚就借宿他的處所。

海上穿梭的東港客運

在地船友楊雄的熱情接待

DAY-13

恆春半島落山風
不再是古老月琴中浪漫的歌詞

7 月 15 日 屏東枋寮漁港→屏東海口漁港

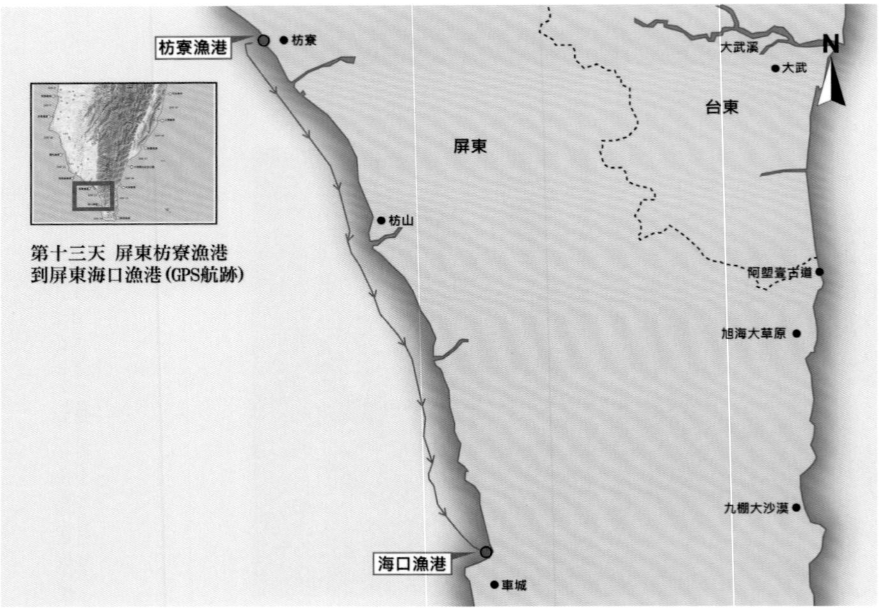

航行路徑：34.3公里

又查枋蓁以至琅𤦹，另有海道可通。惟涌浪甚大，礁石林立，時有山風壓船，名曰落山風。舟行遇之，立為齏粉。夏秋風暴不常，尤不可渡。蓋水陸皆天險也。——唐贊袞《台陽見聞錄》

一早離開枋寮，還是平水和微微的弱風，我們頂著豔陽，沿著海岸的山脈靠進，還能悠閒欣賞公路車輛，聽南迴鐵路火車如氣喘的爬山聲。

在地船友南島海人提醒許多落山風的訊息。目前情境非常平和，但也令人聯想暴風雨前的寧靜，心中還是有些警戒。戰爭電影中的攻擊行動，不都是行經一邊山壁，在躲都躲不掉的險惡地形中，敵手再集中火力猛攻的嗎？

果不其然，山壁一過，楓港溪谷缺口出現，風立刻像齊發的萬箭，翻嶺而來射向我們的船；那群無形的弓箭手不時也需要暫停一下，把下一批箭上弦再發射。

瞬時，雲層壓過山巔天轉暗，在後續不間斷的、十多次一波停止和一波攻擊下，我們用盡帆船防止翻覆的SOP：頂風、放繩、收前帆、壓艙，還是無效。

「和大海搏鬥」這句話一點都沒錯，我們好像被放入羅馬競技場去鬥獸的武士。大自然是那獸，有著烏雲、陣風、海流、湧浪的凶狠，任務是把你吞噬，我們手中的武器是舵、帆索和在船上靈敏移動自己身體，任務是不讓大海吞噬。猛獸出閘，出面迎戰，近一個小時後還是敗給他了！船硬生生被掀翻。

翻了船，當下直覺是我們需要呼叫救援，但人落入水中後，熱得滿身汗水的身體突然感到涼快舒適，瞬間頭腦冷靜下來，我們有能力自救！

幸運的是落山風只是突來強陣風，風點到水面為止，並沒帶來更大的浪。翻船前的陰霾天空、楓港溪口的翻滾濁浪，突然因陽光露臉而消失。我們漂浮在南海亮藍而平和的水面上，曬著和煦的陽光。

只見海流把鞋子，GPS、無線電機和帽子帶走。船難最忌人船分離，我們眼睜睜地看這些寶貝從唾手可得的距離向遠方緩緩流去。兩人抓著倒扣的船舷邊，暫時享受一下南國的陽光海水，同時檢查船上哪些組件可能鬆脫掉失。看著中央板倒凸上來，很擔心這塊板滑下水而丟失，我用腳抵住沉入水中那一頭，叫宗輝爬上船抓著。因為我們接下來的航行不能沒有這塊板，而且把船翻回來時這塊板很重要，一支伸出的支點，兩人在這支點的末端下壓，翻回船就跟用拔兜拔釘子一樣省力。

就這樣，他負責水面上，我繼續負責水面下的部分，兩人合力把船翻了回來。舀清船艙水，檢查船上設備，完全沒受損。帆，槳、中央板、舵、繩等還有糧食、水等支持繼續航行的物品完全健在！再來觀察風和水流，決定航向岸邊，找個點上岸去整頓一身狼藉。

還是有不穩定的陣風，海流不小，也怕落山風再來，我們想收帆用槳划，但是離岸遠了一點，又逆流，未到岸可能天就要黑。於是採取只用主帆，並把它捲縮剩三分之一的縮帆方式。藉著斷續吹著的落山風，小心翼翼使力，

手繪還原翻船現場

畢竟我們不能再一次承擔翻船的風險。

趁著穩定航行的空檔，查詢地圖找出了前面有個海口漁港，就在車城的邊緣。

全臺灣一共有兩百多個漁港，我們在做停港計畫時，不會也沒有必要把全部的港都申請許可。可是在航程中，我們又不是機動船，速度快慢可以控制。受到潮水、海流、風效的影響，偶爾會進去預期之外、沒有申請的港。之前桃園、臺南和高雄碰到這種情形，管港的海巡都給通融，但居然今天在海口漁港遭到嚴厲拒絕。海巡說什麼都不行，再不走，開始對我們錄影，並祭出《漁港法》三萬起跳開罰的條文。

港堤上站高高、手插在腰間，面無表情著橘色制服的人員，像極《悲慘世界》電影，長官望著船前的落魄囚犯，逆著陽光抬頭對他高喊：「我們剛在外海翻船，現在必須靠港整備，下一個申請的港口今天到不了。如果現在轉頭出去，你肯不肯為我們的安全負全部責任？如肯，我們馬上走！」

基層小兵大概也怕橫生意外，准我們留一晚。但船才開入泊區，他的長官，偕同三、四人又跑出來驅趕。堅持他們所奉行的中華民國《漁港法》，我們一定得離開。

「旁邊有個沙灘，你們從那裡上岸，拉船搬東西，我們海巡弟兄全力協助！」他們有他們的苦衷，另外提了一個愛民助民的折衷方案。

我們雖不滿意，但也勉強接受，完成這「海口共識」，船安全的上了漁港附近蚊子館的簷廊。

這麼做也是對的，因為隔天出不去了，巴士海峽好幾個低壓群魔亂舞，海上颱風形成了。

如果昨天被趕出去，我們大概會漂到菲律賓上新聞！之前避開十三日星期五不出航，結果在恆春前翻了船後，回去整理了一下紀錄，細數過來，才驚覺發現今天落山風翻船，又被避難港拒絕的這一天，竟然是航行日的第十三天。「十三」這數字，還真是避不掉的詛咒！

我們又被颱風耽延了數天，困在恆春，伴著古老月琴唱「接續你的休止符，再航下段環島路」，臺灣島走了一半，待續！

DAY-14

國境之南

7 月 27 日 屏東海口漁港→臺東興海漁港

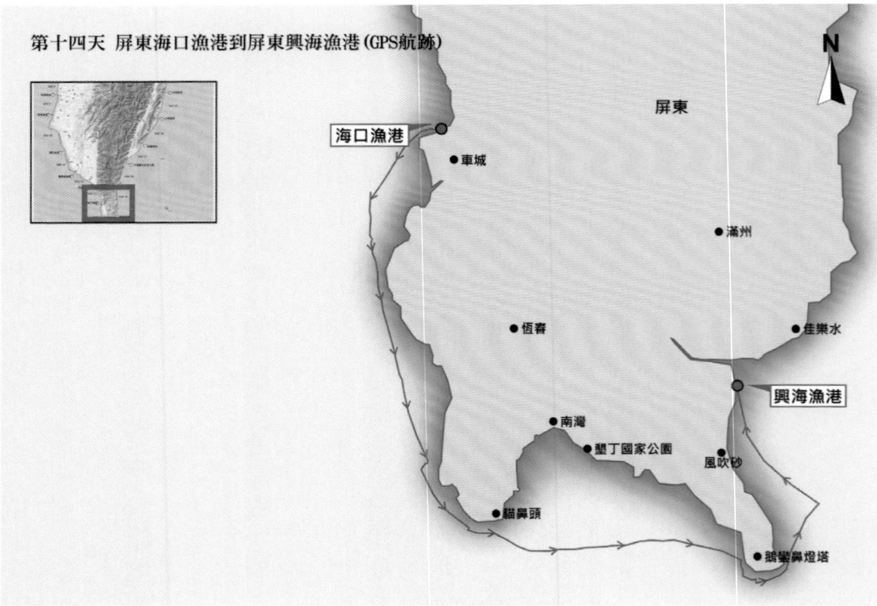

航行路徑：50公里

終於颱風離去，天氣穩定了下來，往後一段要繞行墾丁半島。恆春墾丁是一個三面被美麗的熱帶珊瑚礁海域包圍，受到山勢與交通影響，像是脫離臺灣的另一個島嶼。

特有的南島風情和海洋活動自然是矚目焦點。在恆春民宿住了一晚，早上出海前，民宿主人沙鑫的朋友自由時報駐地記者蔡宗憲送我們一程，也為我們做了訪問，大概是要告訴半島鄉親們，兩個從臺北走水路、開自己造的帆船來訪的稀客是不曾有過的新鮮事；另一位朋友，墾丁的帆船教練鄧哥也來送行，他面授了這段三洋相匯的水域應該如何應對之道。

向他們揮手道別，我們從國境之南，椰子樹叢間的小河出海口揚帆前行。海從這裡開始變了顏色，南島的藍調上場，度過陰霾帶灰濛的落山風段，熱情的陽光下，白雲藍海，心曠神怡的另一段路程由此開始！

直下半島臺灣海峽這一側，過了海生館和一段矮山脈沿海縱行，山的背後是恆春，我們看不見，而山的盡頭是貓鼻頭，臺灣南部東側另一個就是大有名氣、建有燈塔的鵝鑾鼻岬角。

兩地都是水流急湍的危險岬角，岸際不但怪石嶙峋，臺灣海峽、巴士海峽和太

我們即將面對的三十公尺浪區

平洋的三方海水在此處交會沖激。我們離開岸前，鄧教練的指導以及警語在心上反覆默念。

在平靜水域中滑行，突然坐前方觀測的張宗輝跳起來，警告：前方三十公尺浪區！

一碰到了海流推擠地形礁石，海面先前是平靜得出奇，突然水面出現強烈的高低波浪差，船身隨之迎向一排排的高低浪堆。浪來，船頭一下四十五度往上衝，浪過後再四十五度下滑，這時船要有速度才能控制舵，能控舵才可再抓角度過浪坡，假如沒速度會怎樣？舵會失效，失去控制方向能力，船隨波逐流，浪把你打歪回不正，船側浪也側，再輕推一下就翻了。要是正對浪無法傾斜角度，讓浪坡變緩，船頭或船尾可能直插入浪中，無法揚起，等到下個浪來襲，水一進了船，恐怕會沉！

偏偏過了三個浪後，風停了，我發現轉舵無效，即對宗輝喊失速！他立即從船前抽出雙槳，第二動力準備上場。在還沒來得及套槳下水，船快被浪側掀的前一刻，風又來了！我握著舵柄的手感受流水壓舵的力道，一個回身，船身直向對浪底，再轉點角度，船身爬過浪峰再斜滑出去，穩住，接著上上下下、衝過四五個浪，看了嚇人，先民說：「有風嘸驚流」，就是有速度、有動力，掌握了方向，心底便不怕。過後，切向南灣，水面平靜了，風繼續吹著我們前進，也吹掉一身的冷汗。握著舵柄的手心是濕的，不知是汗水還是海水。

南灣的沙灘凹入海灣內有好長的一段，我們直直航向鵝鑾鼻，望著大尖山聳立的山形與海上突起的巨石，連核電廠那兩顆醜陋的蛋都遠得見不著，一切靜得像在沒有人類文明的侏羅紀公園，這是人潮鼎沸的墾丁南灣嗎？一直到看見燈塔，才清醒過來，下一個關口又到了。

原本計畫今晚停靠燈塔下的鼻頭漁港，但時候還早，才方過中午，海域平靜，強大的順潮流又帶著我們快速向東流去，加上午後的熱對流風如虎添翼，這個危險的南臺灣好望角關口開啟了大門，千載難逢！計畫趕不上變化，此時不過更待何時。於是我們把舵一轉向，輕易繞過了鵝鑾鼻。開始從東臺灣的最南端向北挺進。往北上去，有三個漁港，興海、南仁、中山。興海最近，但是凹入灣內，離航道有四、五公里，南仁偏僻，沒辦法補給食物用餐，最遠的中山港有在地網友桑一吉邀約，應當是最適合今夜停留的地方。

無奈在興海漁港灣外四公里處，風小了，這種海陸對流風，越晚越小。估算一下，我們沒得選擇，趁著微風，左轉入灣內的興海漁港，太陽西斜，漸往港後的山頭落，對著岸開去，向著斜陽、頂著流，耗了近三小時才靠港。一進防波堤，又遇到和上一個海口港的同樣狀況，不准入港！請我們由港邊的沙灘協助上岸，難道這是屏東縣海巡的特別規矩？

我們開出港，興海漁港旁確實有一片沙灘，再過去有一條河，遠處有幾部水上摩托車來回，沙灘上有衝浪遊客，我們試著接近，根本不見要來協助的海巡人員，接了幾通電話也說要來，卻沒見人影。從海外向岸望，這灘頭浪僅是一條條水平線排列，沒什麼特別，但從岸上外望，卻是白花花的落浪。船變成了衝浪板，被浪濤高舉再落下，打出一陣水花，差點翻覆，我們趕緊轉頭向外海逃浪。水上摩托車靠過來，問了一下狀況，這衝浪沙灘哪是帆船能靠岸的？再問能否開入內河？一樣，沒動力又有大浪，別想！

太陽已經下了港後山頭，外海還有一片亮，但岸際漸暗了下來，兩條人命就不值那三萬塊起跳的《漁港法》？有些難過又令人生氣，舵一打，再朝港開進，準備進海巡辦公室拍桌！

終於，海巡跟我們行程的前後哨所通電話後，接受我們入港，過程就不多為難執法人員，不再細說了。

與我們遍歷滄桑的船帆

恢復平靜的海面

DAY-15

望見太平洋

7 月 28 日 臺東興海漁港→臺東大武漁港

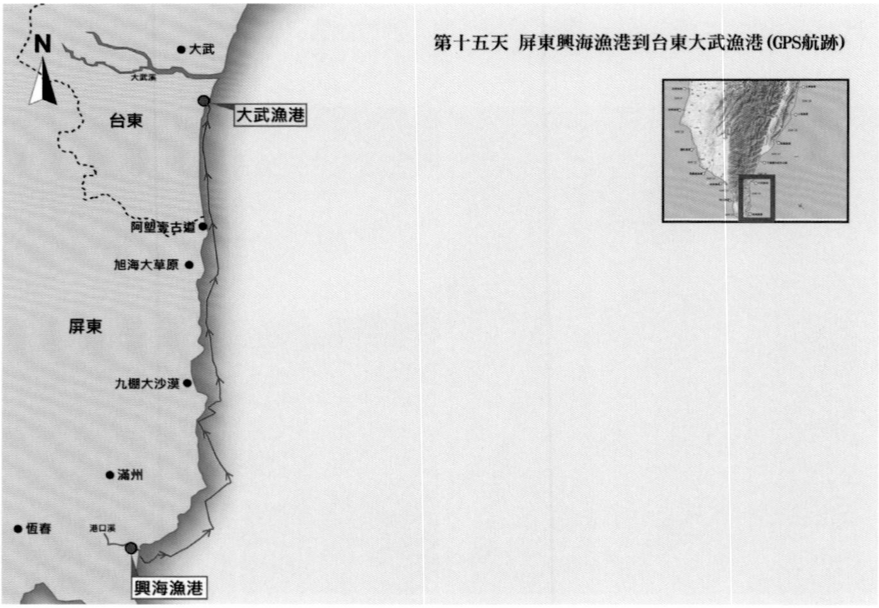

航行路徑：52.4公里

昨晚在興海漁港土地公廟邊紮營夜宿，替土地公守一夜廟門。有拜有保庇，清晨起早出航就有最佳的帆航條件：穩定的風，浪不大，潮流順，還有飄來的朵朵白雲遮陽。

山形開始升高，海岸沒什麼人工斧鑿痕跡，綠油油的山景迤邐下，一帶連一帶的白沙灘，單純而自然。

法力只維持半天路程，遠離了土地公他老人家的管區，下午進入溫柔到不行的太平洋，我們拿出備用動力，鏡面海被雙槳輕輕劃下，掀起圈圈漣漪，還有些不捨。不禁要懷疑，這是有滾滾黑潮流過的太平洋嗎？

恆春半島東岸沒有公路，成了靜謐的化外海角。過了一會，沒有被人工破壞的景致告一段落，見到繁忙的公路靠貼近海岸，這

溫柔的太平洋海面

每一次上岸，都像打仗一樣兵荒馬亂。

是從高雄、屏東往臺東的唯一出路，這段海岸公路去年遭颱風肆虐，崩塌殘破，還在整修中，再加上南迴鐵路挖山工程，一路海水黃濁，水泥肉粽塊交雜丟置在海與山腳土石之間，混著施工聲、汽車聲，再經山壁反射迴盪，吵雜不堪。

在東部海上北行，西望是高聳的山直直落海，太陽在下午早早下山，提前收工。到大武，天色昏暗下來，從恆春翻船躲颱風之後，原計畫申請的靠航漁港都亂了。大武也不是我們先前申請的停靠港，入口處正在施工，港航道頗遠，入港還要鑽橋底，帆船有桅杆，「立柴入不了灶」，得下去一個人，把船拉歪了，船身斜、桅杆也傾斜才進港。直到航入漁港裡，海巡人員才發現我們，要求出示公文。畢竟已離開屏東，進入臺東，管理有些不同，僅要求我們補變更申請給漁管單位，趁這個機會，把我們之後計畫停泊的漁港重新整理，航行申請因颱風影響得加延一個月，終於順勢將臺東花蓮段全搞定了！

DAY‧16

陌生遊客相助，
曙光公園搶灘

7 月 29 日 臺東大武漁港→臺東太麻里千禧曙光公園沙灘

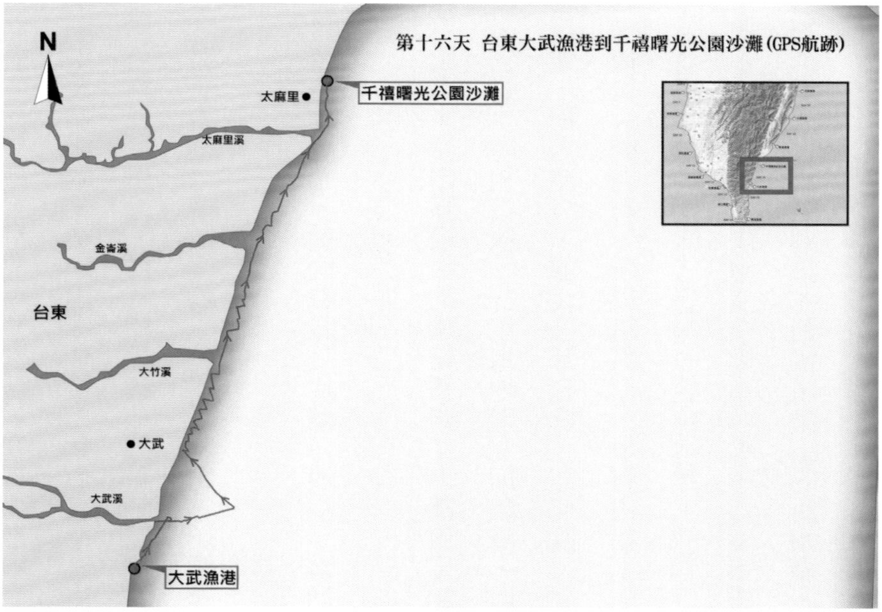

航行路徑：42公里

臺灣東部海岸在盛吹西南風的夏季是處在背風面，沒了季風，帆船快不起來。天黑前到不了預計停靠的三和漁港，午後偏西陽光被高山擋住後，我們就貼近岸緣航行，找尋可以登陸的灘頭。東海岸公路就在岸邊，村落稀稀疏疏散布，要找的上岸點除了灘坡不能太陡，還不能太荒僻，否則今晚的食物、飲水、充電補給都是問題。

山形逐漸暗下來，看到了太麻里密集的房子，前面長長一片灘，浪小，灘頭遊客不少，可以考慮上岸了。

浪撞擊海灘，帶動蛋大的鵝卵石滾動，發出嘩啦啦的嘈雜響聲。東部海岸的礫灘不是想像中淺緩延伸的海水浴場，它是水陸相接線，一出海地形立即驟降，踏入海面四、五步，水很可能就已兩公尺深，把人淹沒，腳沒法踩到底，即使踩得到，腳下的卵石還會滾動。陸上也全布滿比蛋大的卵石，所以船靠岸，很難由船上的人跳下灘去拉船上岸，若踩不到底，船被浪一沖，水中拉船人便很危險。我們怎麼辦？

當船靠到可以和岸邊遊客對話的距離，我們立刻請他們接住拋出的船頭繩，拜託他們協助把船往岸上拉，也特別叮嚀不要下海。

感謝東海岸熱心民眾協助拉船

果真臺灣最美的風景是人，岸上陌生人聽到我們的呼喊，五、六位大男生就這麼幫我們把船拉上岸，他們的家人朋友共十多人在旁加油，好感動！

我們首次在沒有海巡、檢查哨，也沒人問東問西，人船自由來去的國度享受自由海洋空氣，也自由的上下岸。

這裡是跨年看日出的千禧曙光紀念公園，熱鬧的太麻里街道就在旁邊，步行去派出所給手機充電，飽食一頓後拿回手機，再回園區紮營，這個公園的沖洗場和公廁設施完備。

前幾天在墾丁接受自由時報記者訪問後，我們匆忙離開，也沒問何時刊出，如刊在地方新聞，北上後也買不了報紙，所以就沒有在意這事。來到臺東太麻里，夜晚近十點接到恆春記者來電，說臺北報社要再查證一些我們的航行細節，於是花了點時間把過程再敘述一遍。FB上都有影片照片紀錄佐證，歡迎媒體選用。

從前，曾有無動力航行紀錄被大肆報導，結果發現實際上使用螺旋槳打水，被起底打臉，相關媒體顏面盡失。而我們正在寫一頁臺灣的新紀錄，實事求是查證也是好事。

DAY-17

媒體曝光

7 月 30 日　臺東太麻里→臺東都蘭新蘭漁港

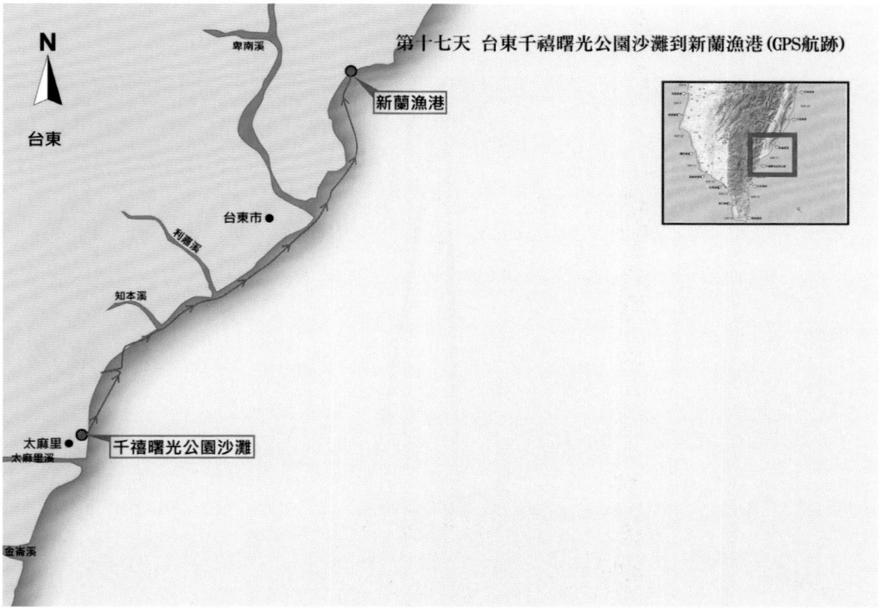

航行路徑：37.6公里

天還沒亮，被吵雜的遊客吵醒，曙光公園海上日出果然有其魅力。看過日出後，在臺北、臺東遊客朋友協助推舟下海，就啟航離開了。朝北航行出去，一直沒什麼風，中央山脈高聳如屏，夏季的西南風全被擋著。走走停停，有時還被海潮帶了「倒退嚕」。想想不是辦法，決定靠到我們有申請的三和漁港休息一下，等對流海風吹起再走。

看到網友在我們粉絲專頁的照片留言，說墾丁的採訪上了報紙頭版。

船沒上岸，手機響了，電視台

駐南部的記者來電問我們在哪裡，要來採訪。算他們運氣好，我們上岸等風剛好也等他們，就這樣拍到了我們再下石礫灘出航影片，互相揮手告別，繼續北上！我們的航行陸續在華視、公視和民視播出。

有點像阿甘在跑步，傻傻起跑，沒人理你，只為自己心中的目標在跑，堅持下去，之後的路程就不會孤單。我們真心期待臺灣的海域完全開放給民眾自由行，如果能有許多像我們這樣的帆船在海上跑，臺灣的海景將更豐富，畢竟這一路來的航行實在太孤單了。

看到中央山脈低下的山形間隙，右邊又接著出現高聳的海岸山脈，臺東市夾在其間，從海上看去，城市彷若建在兩島之間的海上。沿著沙灘海岸繞過去，經過醜陋的水泥肉粽灘，市區的房子一棟棟看得很清楚。

過市區後，卑南溪在此入海。這些年來人為的陸地開發加上惡劣天候，一片帶黃沙的溪水就這麼混入純淨靛藍的大海中，美其名是陰陽海，實則是令人感慨的海洋汙染。

離開臺東，進入山後的海灣，富岡的外海可以見到幾條烏黑亮麗的龐大鯨豚躍出，但潛入水後就沒再看到，接下來就到了新蘭漁港。

這個漁港旁沒有商店，只有幾間民宿。在臺東玩風帆的網友馬義雄來找我們，有他幫助，才得以到離港兩公里外的都蘭街道吃晚餐、買補給。

從海面遙望夾在中央山脈與海岸山脈中的臺東市區

卑南溪出海，美其名陰陽海，實則是溪水夾泥沙汙染海洋。

DAY-18

婆娑之洋的沉思

7 月 31 日　臺東新蘭漁港→臺東小港漁港

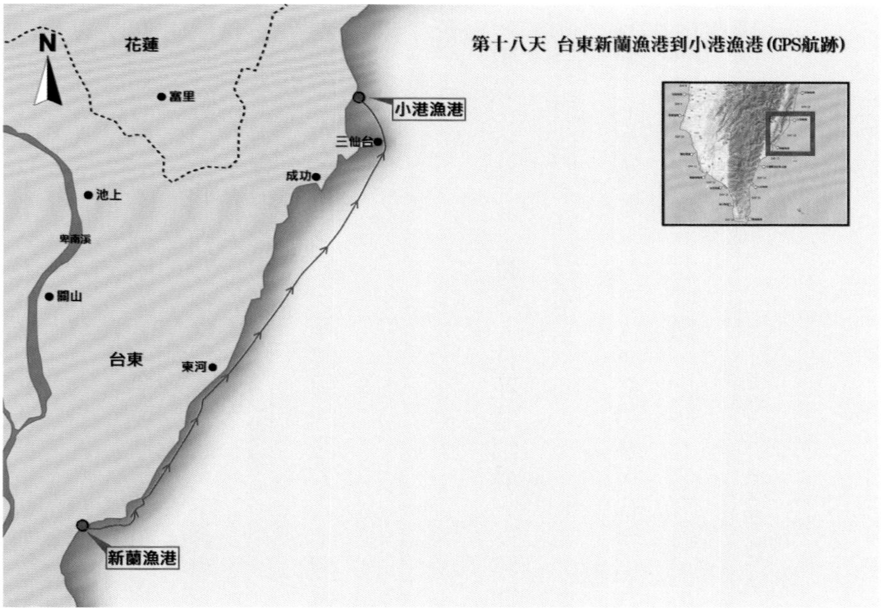

航行路徑：46.7公里

新蘭是個隱藏在臺東山後的寧靜海灣，只有幾家咖啡民宿加上美麗海景。從民宿的施工格局來看，有西方人士經營的痕跡。

民宿老板說「什麼都沒有」是他們最喜歡的渡假環境。如果要什麼都有，那在家就好了。這裡有的，就是你家中沒有且吸引人的這個「環境」。臺灣人不會享受環境，只會不斷的加入不屬於環境的元素——講直白一點，就是破壞環境。因為墾丁被臺式大拜拜法的觀光玩壞了，於是喜好安寧渡假的西方人士翻過山頭來北臺東市發展。

我們伴隨清晨微風，駛出港，繼續上路。

從恆春海生館開始，繞過南灣鵝鑾鼻，接著北上臺東、往花蓮出發，一路海岸線風光美不勝收，不會輸其他國家，也有與他們不同的特色。

南臺灣沒有北濱的季風問題，且風光明媚優勢，許多人選擇投資民宿，但我們一路投宿，即使正逢暑假，周六、日他們的生意也不太理想。此外，港口載回的漁貨稀稀落落，漁民調侃魚也怕熱躲起來了。和漁民聊天，每人都懷念“those good old days”每天豐收的日子。

問題出在哪裡？生態學有個名詞叫生物鏈，只要鏈不斷，萬物生生不息。但是，陸地產業鏈斷了，海上漁業生物鏈也斷了，而海陸交會處有許多親海洋商機，卻被政府的管理政策壓得喘不過氣，找不到出口進海洋，讓商機斷在海岸線。

船靜靜的滑過海面，水，清澈見底，但見不到珊瑚，也見不到魚。

黑潮離海岸不會很遠，漁民說三仙台再出去一點，經度二十七分就能遇到，我們到了二十八分，看到瘦小的鬼頭刀奮力躍出水面，追逐同樣瘦小的水針魚；然而，皮包骨的小魚連三躍奮力出水面後，即使吃到食物，也不敷追逐者的體力消耗成本。

隨黑潮而來的是搭南洋高速公路的進口魚，本應該讓這些魚在我們的海灣邊休憩、產些小魚再走；大一點的，我們再抓些來吃。現在，在中途不分大小就被一網打盡，結果連不是捕魚的鯨豚觀光都吃虧大了。我們在漁港看到賞鯨船長和觀光團領隊吵架，旅遊團領隊嫌只看到幾隻小海豚，無法向團客交待，要求扣錢，船長說這又不是動物園，關在籠裡讓你看，為此起爭執，兩人鬥嘴面紅耳赤。

沒有魚食用或觀賞，總還有海可以玩吧！離開新蘭漁港後，等不到風，我們靠岸來到一處推展帆船、獨木舟的咖啡景點。一位西班牙人在這裡經營，正要帶六七位外國小朋友划船出海。正逢暑假，如果我們的小學生也能參與，不就是產業鏈上的商機？但政府跟業者想的都是遊覽車一車一車的觀光客，到港邊圍餐廳大圓桌、吃海鮮，再團購紀念品，晚上逛夜市。墾丁就是這麼一點一滴被他們玩壞的。

在我們環島同時，造獨木舟的朋友大沐帶了一群小朋友動手做獨木舟，再一段段划船環島。豈料，在桃園沙灘上岸後被縣府禁止出海，理由是：該地的沙灘只能踏浪，是危險海域，所以公告封鎖了。我們的政府向來以禁止代替管理，學生旅遊出車禍，就禁畢業旅行；軍人休假騎機車出車禍，就禁機車；海灘有人溺水，就封海灘。到海邊玩水，像瓊瑤電影那樣在沙灘跑一跑能玩多久？如果往外跨出海：衝浪、划獨木舟、駕小帆船、浮潛，待兩三天都嫌太短。

港口，不該當停車場經營，而要用「通道」的觀念去發展。如果開放給民眾或出租業者自帶船進出，不占泊位，就能衍生陸上觀光所沒有的商機。

把沒落的漁港朝「BOT高級遊艇停泊港口」是個偏頗的做法。金字塔頂端的遊艇客鮮少給港區帶來互動商機。他們的船上有臥室、有廚房、有水和空調，到了碼頭內有停車場，食材從城市內大賣場購得，魚還能自己釣，如此碼頭、港口用可以長期買斷停放的停車場觀念經營，但這對海岸港區觀光產業完全沒有幫助。

沒遇到漁民口中的「貢貢流」黑潮，穿過拉出海外的三仙台長長地形，越過一陣滾水湧浪，我們回岸了，進下一個港，結束太陽落下山的另一晚。

越過臺東市之後向北行，全程看到近貼著海的山是海岸山脈。繼續前行，山脈綿延不斷。接著，遠山的尾端迤邐出一排長長的島礁，看似獨立島嶼，又似彼此連結，擋了去路。繞行而過也往外海多航行有一公里半之遠，最後從尾端沒相連的五、六公尺島礁間隙穿行而過，這一段，就是有名的東海岸三仙台。

DAY‧19

港邊開港

8月1日 臺東小港漁港→花蓮石梯漁港

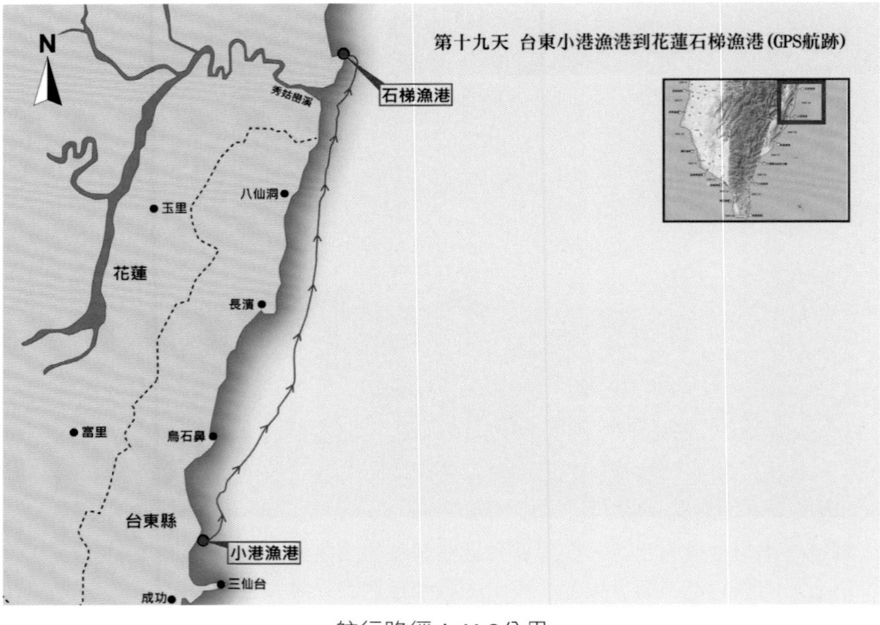

航行路徑：41.3公里

好友陳永盛利用空拍機為我們的船留下珍貴的身影。

DIY造舟玩船的好朋友陳永盛遠從臺北騎機車來到這裡，準備走陸路陪我們兩天。他用獨門的風箏載相機替我們的船空拍，小帆船在港中只有丁點小。

離開小港漁港，來到升得高高的海岸山脈旁，風全被擋住，大海平得像面鏡子。偶爾一陣微風，水面上有風的地方便呈現細碎波紋區塊，有一塊、沒一塊，我們追著風停停跑跑，越過秀姑巒溪出海口，跨入了花蓮縣。

入港，一樣的程序，都是海巡小橘出來迎接，要證件、看公文，檢查有無走私攜帶違禁品、幹壞事……過程跟出國入境排安檢、移民局通關，沒什麼兩樣。

今天比較不一樣的是，隨後一群小朋友進場。還以為是我們的先遣隊永盛做了什麼安排，要小朋友獻花？我們才跳上碼頭，他就急著要我救火，說他招架不住了！原來，老師帶小學生舉辦夏令營。他在等我們的時候，就跟老師和這群小朋友閒聊說他正等候兩位阿伯開著自己打造的帆船，從臺北出發，將要經過這裡過夜。

師生們心中充滿好奇，有各種提問。既然海洋國家未來的主人翁們來了這麼些「大哉問」，上岸也忘了一身汗水的狼狽，我們就來個「港邊開港（講）」，一一解惑。

話匣子一開，從木材做船到海上安全，提到《船舶法》賦予不需執照的船、並用憲法闡示，鼓勵國

小小的港邊，有許多熱情的孩子專注聽著我們分享環島的酸甜苦辣。

家幼苗海上玩水的權利。

最後，禁不住要對港口建設和管理機制批評一番，希望給下一代畫出一個理想完美的休閒港口與永續漁業願景。

晚上我們住進漁港餐廳樓頂附建給外籍漁工的民宿。因為不是漁汛期，有些殘破，只有我們三人包場。

DAY・20

環島賞味期過了

8 月 2 日　花蓮石梯漁港→花蓮鹽寮漁港

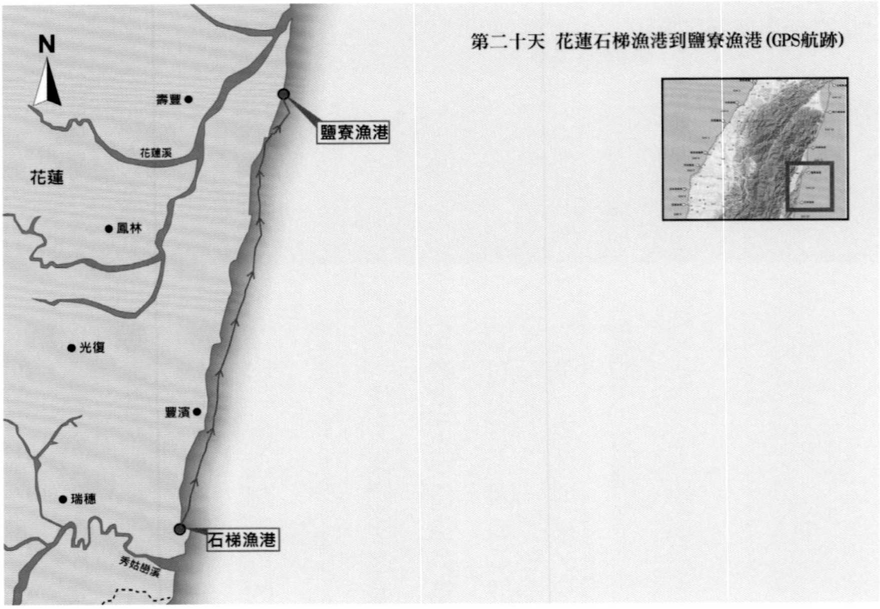

航行路徑：44.8公里

早上從石梯漁港出發，夏令營的老師和小朋友在港口送我們離開。小顯身手，讓他們看看帆船是如何用風力航行。老天幫忙，船在港內輕盈順利開出去，回頭望見小朋友在碼頭興奮的揮著手，直到我們消失在防波堤後，這一幕，突然又感受到一股推動我們繼續走下去的力量。

北上下一站花蓮市，我們選擇了兩個停靠點，一個是鹽寮，在南，離花蓮市比較近；另一個是崇德，在北，交通補給不方便，是花蓮縣的最後停靠站。

我們先到鹽寮，開始擔心行程能不能繼續？或許你會問為什麼，颱風來了？家有事？身體出問題？船壞了？都不是，還是那句話，海上環臺最麻煩的問題總是在陸地，不在海上。

我們原先計畫依寶島的節氣風勢循環，選了風調雨順的六、七月走完全程，申請停泊漁港時間兩個月。可是六月初梅雨晚到，北部天氣差，只能延後出發。這年七月南部特別多雨，又受到好幾個南海颱風外圍影響，耽誤了些日子，到臺東時已八月了。那時當我們知道時間會拖延，我在恆春時就先發公文給八月預計抵達的花蓮縣、宜蘭縣、新北市、基隆市，要求因前述理由，原准許之進港申請延至八月底。各縣市都爽快答應，唯獨宜蘭遲未答覆。

快到鹽寮時，我打了電話回家，家人說宜蘭縣府公文到了——所請不准！

理由？因為漁港停泊准許的申請居然和海鮮食品一樣，有賞味期，停泊漁港賞味期已過，下架！

宜蘭海岸線很長，最後一段還要等候潮水、選擇適當時機，跨過號稱臺灣百慕達的三貂角。環島計畫的宜蘭縣至少非停留兩個晚上不可。

船抵鹽寮漁港上岸，這裡有我們的海洋老前輩——蘇達貞教授的蘇帆海洋教育基地，我們是蘇教授的老粉絲，戲稱蘇達粉。打了電話問候，蘇教授二話不說，穿著他的招牌拖鞋，立即開了車來漁港接我們。

環島之旅中，每一張帆船順利上岸的照片，其實背後隱藏各種不為人知的辛酸。

把船拉上岸，我們決定回一趟臺北去處理公文。晚上吃過蘇教授招待的花蓮扁食，上了火車，臺北我來了，宜蘭你等著！

回到臺北，我再看了一下宜蘭縣府的婉拒公文，拒絕理由竟然是「八月颱風多，建議九月再來申請。」天啊！我的船在花蓮等北上，只需兩天越過你的轄區，天氣好得很，卻叫我再等一個月，一個月後准不准還是個變數，難道九月就沒颱風？

申復嗎？時間也不容許，直接電話打給宜蘭縣政府漁業管理所。打過幾次，承辦人電話響了許久沒人接，再打一次依舊，要總機直接轉所長，接通了，我立刻一五一十陳述！

所長答道：現在你的狀況我了解，但是我才新上任三天，先了解一下情形，會給你正面答覆！

有這句話，我才放下心中的大石頭，再如原計畫，返回花蓮鹽寮，向宜蘭方向前進！

幸好有蘇澳網友提供豆腐岬可以上岸的資訊，如果有在地人協助，依然可以走一步算一步。隔天又回到鹽寮，在海巡檢察站門口宿營一夜，繼續環島。

DAY-21

坐帆船來，臺北到這裡有多遠？

8 月 6 日 花蓮鹽寮漁港→花蓮崇德漁港

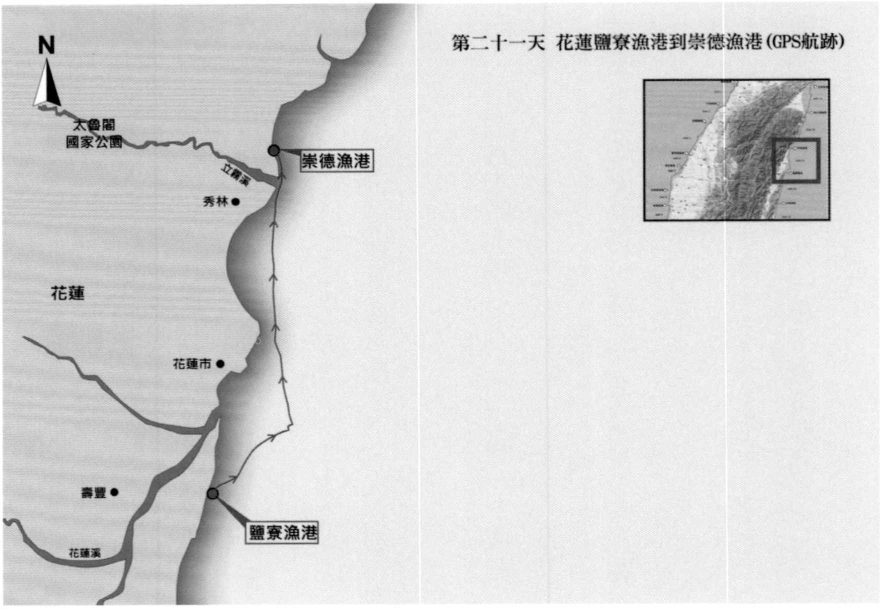

航行路徑： 40.7公里

出港沒有多久，風力一直不錯，知道蘇帆海洋教育基地就在花蓮市前的矮山間，船被風帶離岸距遠了些，沒有視野，給蘇教授打了個電話致謝，說我們剛經過，他說帶了三百壯士學員在蘇帆屋頂目送我們的小帆船北上離去。可惜，我們往陸上望去一片綠，實在找不到這個大陣仗。

當我們看到花東海岸山脈逐漸矮了下來，花蓮市區便出現在海與山之間，接著群山又逼近海岸，藍綠色再度交錯，過了不久，崇德到了。這個港

出現在海與山之間的花蓮市區

仍是個礫石灘泊地，上岸方式和以前一樣，協助我們拉船上去的是海巡人員。這裡也是「關口」，花蓮平原的北邊結束於此，而蘇花公路由此再北上，就鑽入臨海聳高的群山中，此亦即有名的清水斷崖段。

崇德和先前的鹽寮一樣是石礫灘泊地。船上灘後，一群原住民小朋友好奇的圍著我們問問題，他們從幼稚園起學寫數字1、2、3、4……每人琅琅上口「4什麼4，帆船4！」不過帆船對他們是熟悉又陌生的存在。

孩子有著問不完的問題，之前在石梯漁港，有城市來的小朋友隨機問答，現在則是在地的原住民小朋友提問。不過別擔心，張教練是你們最好的老師，原來這趟環島還兼具帆船教育列車功能！

DAY-22

聖地清水斷崖

8 月 7 日 花蓮崇德漁港→宜蘭南方澳豆腐岬

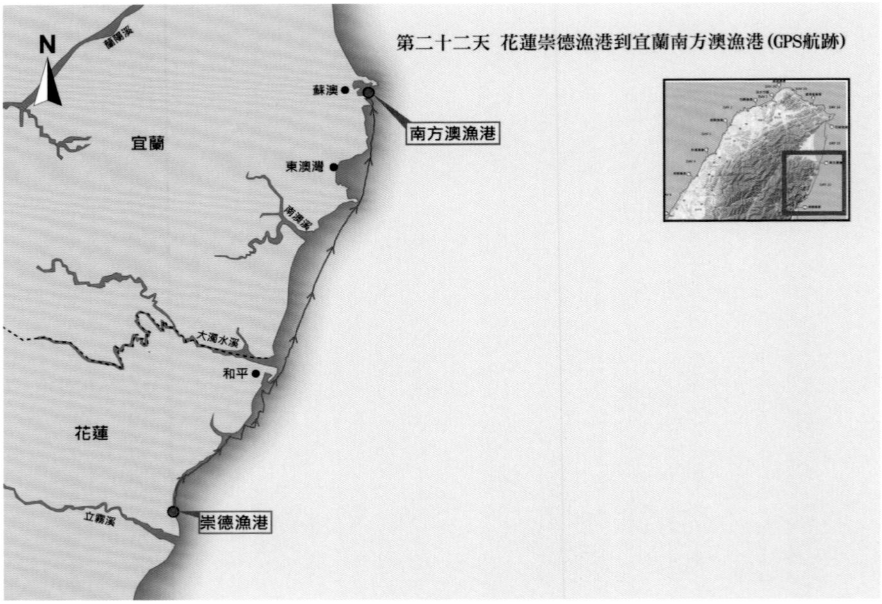

航行路徑：62公里

當太陽在太平洋的海平面下時，我們就把船備好，石礫灘上，一艘艘原住民的膠筏準備出海。有海巡哨所管制、沒有防波堤，也沒有泊船位，大家同心協力你幫我、我幫你的把船拉上礫石灘，這是進港；把船推出灘頭，讓船隨浪滑出，再發動引擎，叫做出港。筏進筏出，看似自由自在，其實還是要在海巡登記「進出海列管」。

我們的小船昨天也如此進來，今早在岸上原住民朋友的協助推送之下，等浪，一、二、三，船衝了出去，過兩個浪，帆張開，揮手道別，再會了，崇德的朋友！

目標：蘇花公路北上清水斷崖的起點！以苦行僧朝聖人心境，一路繞過大半個臺灣，就為了一睹聖殿，期待此段精采且名聞國際的壯麗景觀。我們沿著山壁側的海岸前進，不過太陽甫出海面，風就停了，不走也不行，於是取出槳划船，速度慢，悠閒賞景吧！兩人輪流，休息的人就對著無敵美景享用早餐。溫度也開始上升，不會熱到不適。一隊獨木舟開了過來，揮手打招呼，原來他們天未亮就出發看日出，現在要返航。

一片又一片的山壁依序排列，我們也一屏划過一屏。仰觀廢棄公路掛在偶有坍塌的絕壁間。回想當年葡萄牙水手航行而過是怎麼望著這幅美景，大嘆「Ilha Formosa」！

我們緩慢划在其中，蘇花改取代的早期沿岸山壁公路，海上盤旋的舊道有好幾段早已崩塌，寧靜且不見人車。

當太陽升至四十五度角時，遠遠一艘海巡艦跟了過來，跟蹤了半個鐘頭，他終於駛近跟我們問候。打過招呼，艦長就用船上擴音祝我們一帆風順，有事打118。

說也奇怪，海巡艦一轉走，風就來了！莫非這風也歸他管？

前一日上岸後的船，
與清晨由眾人協力一
起推下岸的船。

一路乘著風，過了幾段山谷，偶爾看蘇花公路的車在崖間穿梭，我們來到了較寬闊的和平。最明顯的地標是水泥廠圓球建築和一個專用港。此刻正逢大船要入港，領航船不斷鳴笛警告，伴隨一旁岩壁和山屏的回聲，有些讓人驚恐。

我們歷經臺北港、臺中港、六輕港、高雄港、花蓮港，甚至繁忙的東港、臺東富岡等離島，在往來客船航道和大致如何閃避進退都懂得拿捏，應不致於被當作「海上三寶」吧！

過和平港後，又一艘海巡艦停在遠遠的海上，以電話跟我們連絡，確定我們位置，我們行進一段，就見他跟進一段。

雖說我們是經過申請備案的活動，不過

在海上看日出的獨木舟隊

一直以來海巡單位皆密切關注。每天早上出門，都會詢問夜晚停靠站在哪？近黃昏沒上岸，下一站岸巡就來電話關切了。蘇花公路海上這一段路，如果要說危險，並不在太平洋水深不見底，而是完全沒有陸上前來救援的機會。

在蓊鬱山巒與浩瀚大海的蘇花段，很突兀的出現一座龐大又很不自然的建物——和平水泥廠。我們一路駛去，沿路水藍的海面不斷漂現白色破碎的「神祕密碼」，不知這兩個很不自然的物體是否有所關聯？真實的解碼，可能日後有待環保專家研究了。

此處海況天候處在西南氣流的背風面，早上十點到下午四點的熱對流海風很穩健地推著我們北上；當脫離了花東的無風帶，下

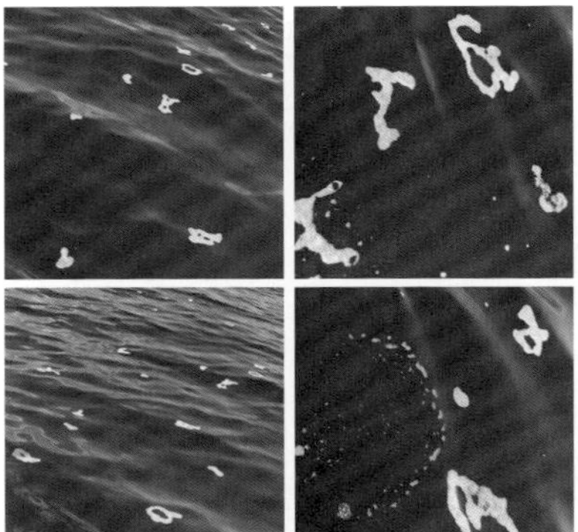

漂浮水面的神祕白色物體

午四點左右的豔陽就會被中央山脈擋住，可遙望突出到海上的烏石鼻，越過朝陽港外海，下午的風量與風向很順利的把我們推向宜蘭。

當船近南方澳時，海上熱鬧了起來，蘇花公路段的海蝕岩洞千奇百怪，且陸路到不了，遂成為獨木舟愛好者的熱門航線，沿途彼此打招呼，也振奮了我們兩人孤航默然的心——家又更近了。

清水斷崖景觀及和平港大船

DAY-23

孤島迷航鬼打牆

8月8日 宜蘭南方澳豆腐岬→宜蘭石城漁港

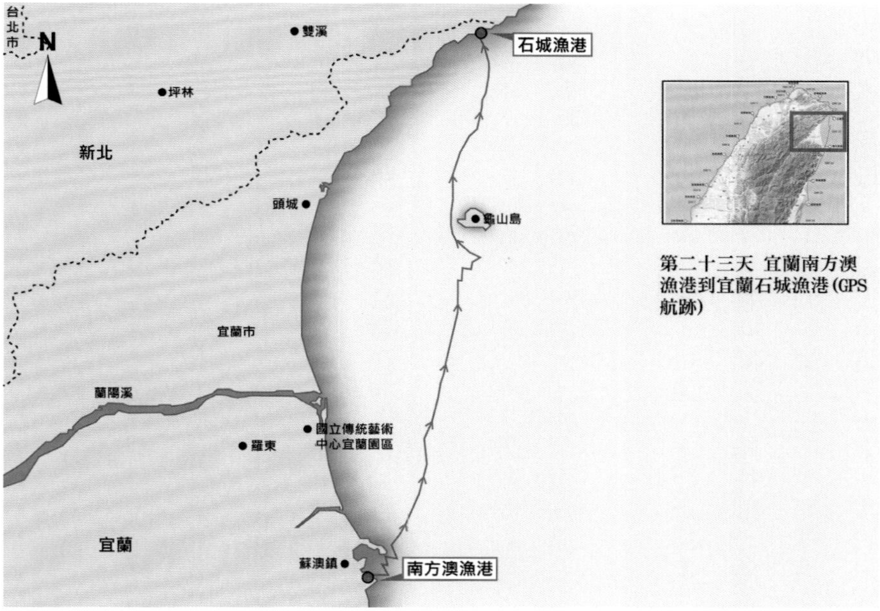

航行路徑：51公里

昨晚船停上了沒有海巡管轄的豆腐岬灘頭，有在地朋友陳彥宏指點，加上林素華的熱情接待用餐住宿，北臺灣朋友出現，離家近了的氛圍愈來愈強。

心情放鬆，九點才從南方澳出海，開過蘇澳港的軍艦旁，越過岬角，左邊的宜蘭海岸線是個大大的凹弧，龜山島正落在直切弧對點航行線上，我們打算就這麼遠離陸地、直線切過去，開過龜山島後方且貼近島邊，順便看看牛奶海和巨龜吐煙。

荷馬的史詩《奧德賽》敘說奧德修斯在特洛伊戰爭結束後，帶領同伴駕帆船返鄉，歷盡艱辛，經過二十年才回到家鄉。這一路，奧德修斯在海上遇到各種狀況，靠著他非凡的智謀和毅力，終於回到故土。

帆船航海總會有迷途，天候不佳是最大原因，雖然以往民智未開總是歸諸妖魔鬼怪，但這趟環島我們排除了惡劣天候航行，在大好天的海上，我們也會遇上如同登山者說的「魔神仔」和發生鬼打牆情形。

正對目標而去，有風漲滿帆，看舵尾也一直破水急馳，可是，怎麼走都走不到目標。風從右側而來，稍偏前，船頭對準龜山島右，一直向前去。船往前，島也越來越近，但不知怎麼回事，我們沒有辦法抵達，最弔詭的是還卡住了，有速度而不能前進，彷彿船與島之間有個同極的磁鐵在相斥。眼見天色暗了下來，我們只好放

近在眼前卻抵達不了的龜山島

棄，朝宜蘭的海岸靠陸。

　　幸好在途中還有宜蘭陸地可靠岸，假設在茫茫大海中只有那座孤島能著陸，卻始終無法抵達，可說是沮喪又恐慌！在此刻才體會奧德修斯和他的水手們是在怎樣的境遇與心情獨航。

　　向島不可行，背島卻速度飛快，面對宜蘭灣背後漫長的山群，因為逆光，山是黑的，浪波反射片片潾光，更看不清前方何處。只能大抵抓個方向，用山形訂立標的，直行而去。待太陽躲入山巔雲後，利用黃昏前的餘暈，目視出建物村落，找到了石城漁港的入口。

被詛咒的船永遠靠不了岸

神祕的大海有許多神話故事，航海時代，西方傳說：被詛咒的船是永遠靠不了岸，水手們越是朝向岸航行，越會碰到鬼打牆，島也離人遠去。我們的風力帆船在龜山島就體會到了。

水是種流體，會流動，當流動有速度時，會讓漂在上面的浮體不穩定。如圖示，欲開向龜山島A，遇到從右舷向左舷的海流，當船頭對準島航行，最後航線是朝B點而去，仍然登不了島。正確的做法，是船頭要修正成對向右舷海流（C點），這種航行很單純，動力足夠，也不會上不了岸。

但是帆船遇到了另一個流體「風」，情況變得複雜難掌控。最壞的逆風狀況出現時，「被詛咒的迷航」就會發生。

在沒有海流時，帆船逆風一定要走圖A的「之」字形路徑，頂多多轉幾次，最後還是能登島。

但是有海流又逆風時，剛才的路徑就會變成如圖B的路徑，這時船上的水手，看著船頭朝向與船身不斷後退的流水，看似是正確地把船開向島嶼方向，實際上卻是離島而去。假如他把目標訂在島嶼的右方，結果也是一樣，右行逆流走得慢，左行順流走得快，仍是逐漸偏離目標。大海茫茫，唯一可以靠岸的孤島，卻是越離越遠，心中的惶恐可想而知。穿鑿附會的神鬼奇航，就這麼在海洋文學的航海故事流傳下來。

當天，我們計畫從南方澳直航向龜山島後（在右前方），卻碰上從右邊來的強力海流，結果右向斜切出去的行動力被抵消，只剩非常慢的直線前進動力。改成左向斜切之後，順流加快船向左移動的速度，繼續轉向，結果航行就如B圖，船離島越來越遠。

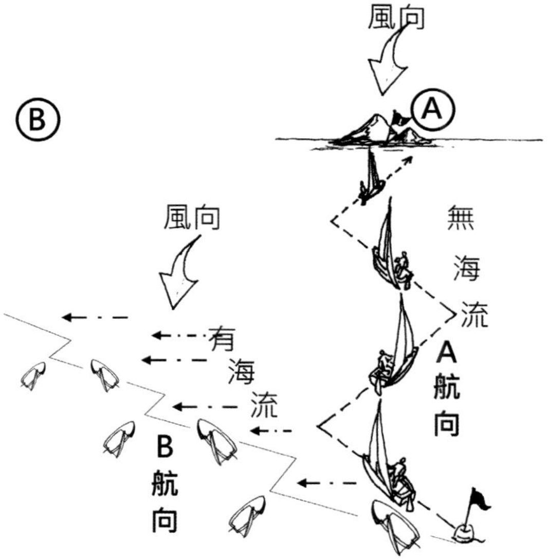

DAY-24

萬水朝東，秋毫不載，舟至即沉

8月9日 宜蘭石城漁港→基隆望海巷漁港

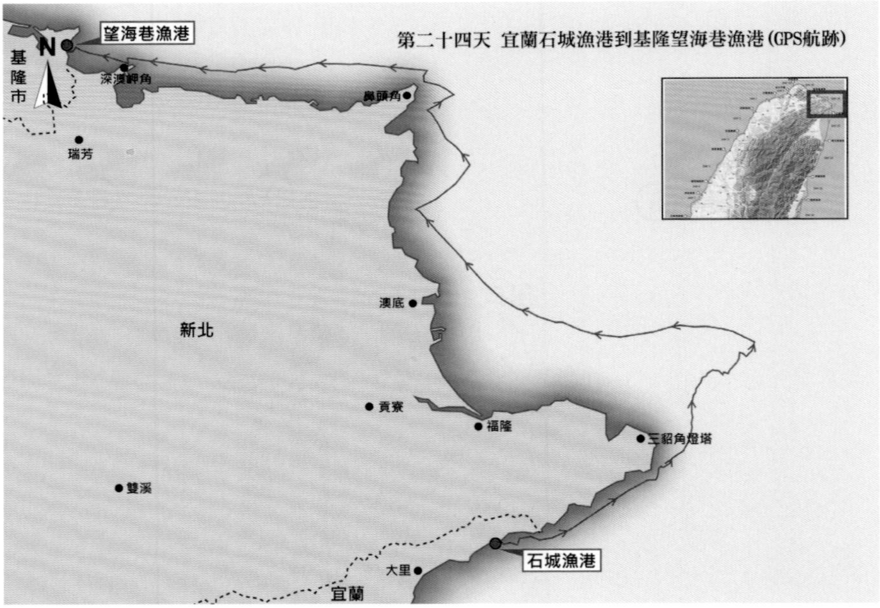

航行路徑：47.6公里

……緣海東行百六七十里，至雞籠山，是臺之東北隅。有小山圓銳，去水面十里，孤懸海中；以雞籠名者，肖其形也。踰此而南，則為臺灣之東面。東西之間，高山阻絕，又為野番盤踞，勢不可通。

而雞籠山下，實近弱水，秋毫不載，舟至即沉；或云：名為「萬水朝東」，水勢傾瀉，捲入地底，滔滔東逝，流而不返。二說未詳孰是？從無操舟往試，歸告於人者。海舟相戒不敢出其下，故於水道亦不能通，西不知東，猶東之不知西也。

——郁永河《裨海記遊》

清朝時先人從唐山渡海東來，開發臺灣，郁永河《裨海記遊》對帆船航行臨島海路的紀錄相當真實。他對基隆以東的海域描寫宛如地球邊緣：「萬水朝東」、「秋毫不載，舟至即沉。」

北臺灣東從三貂角至西富貴角，是一突岬、一灣澳的海岸線一路綿延，岩岸多怪石，水底下也一樣，海底礁石會因太平洋與臺灣海峽複雜的洋流與潮水交會形成怪異湧浪，三貂角外海甚至有「臺灣百慕達」之稱。

除了風，沒有其他動力的帆船，在無風時便無法與潮水湧流相抵抗，古時也沒氣象局的潮汐預報，在基隆山下，即鼻頭角前，是閩粵東渡來臺，沒有戎克船（古時中國帆船稱呼）敢去的航行終點。

今天我們的小帆船即將通過環島最危險的兩個難關：一在三貂角，一在鼻頭角。只是我們和郁永河記述的方向相反，逆「萬水朝東」而行。

從石城港出來，沒多久望見三貂角燈塔和雷達站圓球，水瞬間如大江奔流，真體會到「水勢傾瀉，捲入地底，滔滔東逝，流而不返。」我們有現代氣象資訊，選了平潮，避開了湧浪，但行過一程後開始退潮，退潮流的速度，竟然讓我們在原地往返、徒

鼻頭角

勞無功，最後選擇往福隆方向朝海灣進入，才脫離近乎兩公里乘三公里面積的磁吸區。

下一關鼻頭角，由岬角的一面折向另一面時，突然陷入長二十公尺的數排浪區，這排浪有時斷成兩截，有時三截，斷處拍打產生透明的空氣帶，彷彿覆著透明藍的薄冰，在陽光照耀下晶瑩剔透，好美，卻是小船的致命坑洞。浪和浪的間距僅一個半的船長，而浪峰到浪底將近一人高，由後往前，我們小心的握緊舵保持直行，因為一偏就會翻船，且背推浪一來，船尾稍有不慎就會被推高，船頭插入水中後造成前滾翻，人會被甩出

大象石

船外，連抓住船求生的機會都沒有。

眼見浪區在前面二十公尺處就會結束歸於平靜，但浪頭不斷的把我們往前推，卻到不了平靜的另一端；原因是，此時風變得非常弱，我們失去脫離的速度，導致浪在原地上下擺動，我們也在原地陪他玩跳繩！怎麼辦？抽出槳猛划，拚命增加行動速度才離開那兩百公尺區。回頭看，浪還在上上下下，趕緊向前進，我們不跟你玩了！

過了鼻頭角後驚魂甫定，幸好浪平風穩，能順利朝瑞濱航去，遠遠兩艘獨木舟划過來，原來北海的舟友 Jack Fang 與 Leo TC Lu 出海來迎接，丟給我們兩罐啤酒，去暑兼壓驚。

在熟悉的大象石前休息一陣後，再入望海巷港，上岸拜訪在此經營推廣帆船的前輩鍾明華。

DAY-25

最後三關

8 月 10 日 基隆望海巷漁港→新北市淺水灣後厝漁港

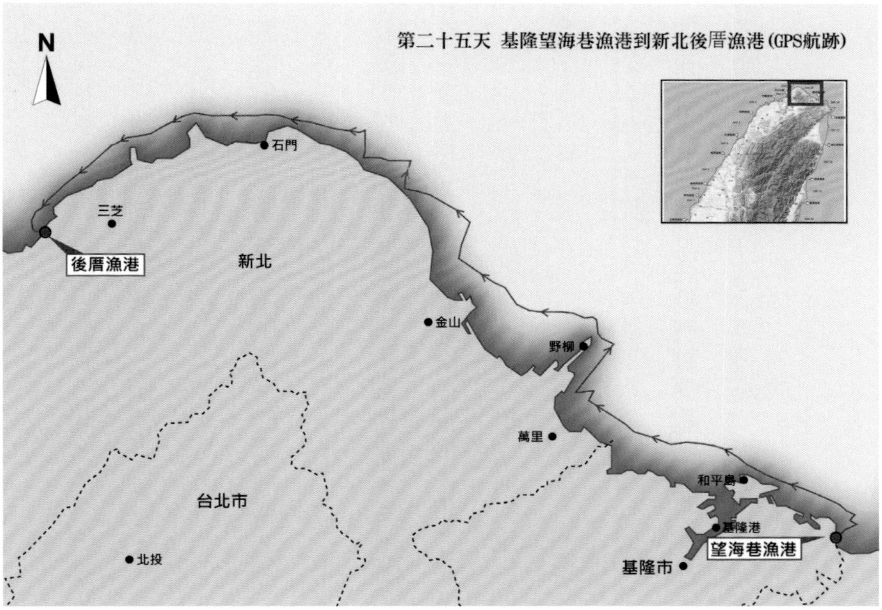

航行路徑：56公里

接近終點的航程，海域又是我們熟悉的北海岸，但仍然不敢大意。

一早順利出港向基隆前進，過八斗仔就有重帆開出，同行一陣後，各奔前程。順利通過第一關：基隆港的輪船航道，再繼續闖兩個難關：一個是野柳岬，一個是臺灣極北點富貴角，這兩個地方以浪兇船難多有名。

北海岸夏日午後容易起強風，在我們要越過野柳外海的海岬時颳起了大風，浪強到沒法航行，只好折返躲進灣內。終點近在眼前，卻前進不得，心裡實在著急。雖然等到了風減弱，浪變小，得以繼續前進，但不能等的潮水卻帶來了新的困境。依照原計畫，穿越野柳岬時間要搶在平潮方得免去漲退潮的岬角湧浪。現在平潮時間已過，離開避風灣出了岬角外海，這退潮湧浪造成的滾水區又把我們折騰了好一陣子，就當它是航行終結前的期末考吧！

富貴角浪小、但流又寬又急，不過比起二十四天內見過的海算不了什麼。我們安然渡過，駛往淺水灣後厝漁港。住在三芝熱愛海上活動的劉飛龍在港口等候，隨即盛情的在他家招待我們，吃飽喝足睡個好覺，航行二十多天後，落魄浪人返故里見故人的熟悉感，讓人動容！

1
2
3

1 基隆港大船
2 野柳岬
3 富貴角燈塔

充電再出航之6

環航島緣的海上障礙

環島航行途中，海上需要留意的險阻除了湧浪、岬角海流、落山風這些天然危險之外，旅行路上還存在著另一些人造的航行險阻。隨著政府與民間在海上工事的擴展，海上路障也逐年增多。因此，環島行前需要利用地圖與網路資源做好功課，了解路線上可能遇到的障礙，做足準備後方可趨吉避凶、順利通行。

以下整理出我們這趟環島所穿越過的人造海上障礙：

一、港與輪船航道

在幾個大型商港、軍港、漁港與離島快艇交通港都有頻繁的中、大型船舶進出。交叉越過他們的航道前絕對要停下。除了觀察是否有船正在進出中，還要概算彼此的速度，選擇有把握的時機快速穿越，寧可多等些時候，待沒船再走也不要強行搶過。

二、風力電場

西部海岸整年強大的季風幾乎不斷，在世界級的風場，前二十排名有十六處在臺灣，目前我們岸上發電風車似乎已近飽和——針對非核家園與綠能發展的趨勢，臺灣正仿效歐洲國家，朝海上建置風力電場。

我們在彰化芳苑外海航行時，臺灣第一座海上風力電場才在施工，在海上一支支風車機柱間穿梭仍有些驚險。至二〇二〇年為止，臺灣風力發電機在海上有三座電場，也勢必影響近岸船隻的通行；究竟穿越風機電場的船有沒有危險？有沒有禁止通行令？在國內似乎是個鮮為人知的議題。

參考歐洲國家的實例，荷蘭、比利時禁止穿越海上風場，但英國並沒有實際的禁令，且至今在海上建有近兩千五百支風車和二十八座海上電場。雖說英國曾嘗試

等待大船駛出港再前進

2020 年後龍外海的風力電場

禁止人民穿越施工中的風場，但最後也不了了之。期間他們具有公信力的檢測機構做過測試，證實當人們穿越海上風電場時，船上的電子設備諸如GPS、AIS、通訊的VHF跟手機的訊號皆不受影響，甚至傳統的磁針羅盤也正常指示，而風機柱上的編號亦有助於海上救難做區域辨識，愛爾蘭遊艇俱樂部還利用海上風車做繞標，每年舉辦34MN風車標帆船賽。

或許可以問：風車葉片會打到高桅杆的帆船嗎？從照片上看，國際標準漆黃色的機柱底部高五十呎（十五公尺，約五層樓高），扇葉最末端離這段黃色標記還有一段距離，若有如此高度的船也不可能駛入，因海上風場多建構在淺水區域。（資料來源：Practical Boat Owner No.514, Oct. 2009）

三、天然氣接收棧橋

在高雄永安區的外海，為了順利快速取得輪船運來的天然氣，中油建造臺灣第一座海上天然氣接收站，未來也計畫建於桃園大潭。接收站外觀像是

天然氣海上接收站

一座橋，有著一整排的橋墩，橋上則是兩公里長的輸氣管。獨木舟大小的船隻可以從橋下而過，但有桅杆的帆船可能要深思，切勿貿然嘗試，以免被卡在橋下，最後我們選擇多走四公里繞行而過。

四、捕魚浮網與定置漁場

政府法令禁止近海拖網捕魚，所以在環島途中沒遇見作業中的漁船，不過海上還是常常出現一排排漁民布下的沉網，他們會在個別區段間綁一個簡陋的浮標，浮標處的網比較接近水面，遇到這種傳統式的「放龍仔」捕魚網，只要不靠近浮標，從兩個較遠浮標之間航行，就可安全通過。

然而，有一種漁網區是不能隨意通過的，那就是定置漁場。這種「守株待兔」的捕魚工具其實所費不貲，規模有一個足球場大，由於網頂緊貼水面，所以整個海面幾乎布滿浮球，且網區錯綜複

左：放龍仔　右：遠處定置網區

雜，宛如迷宮，使魚容易游進去、卻出不來。定置漁場多分布在恆春半島、花蓮和宜蘭，船隻遇到了只能繞道行駛。

五、蚵架浮台

從鹿港向南，進到雲林沿海至嘉義的海岸線，布滿了養殖青蚵的架設物與漂浮筏，這是我們沿海航行的最大障礙，只有減慢船速、睜大眼睛摸索前進，假如能夠找到漁筏尾隨，或是跟漁民詢問航道，也不失為好辦法。

六、軍事靶場演習炸射

鳳鼻隧道位於新竹北邊的西濱公路，需要建造長隧道最大的原因是一旁的山丘有個戰車射擊靶場，戰車砲靶雖位於陸地，不過射出的砲彈在落入海裡前會飛越公路上方，因此才需要建造隧道做基本的防護，除了西濱公路外，鵝鑾鼻到臺東一帶也經常有海上砲彈炸射演習。

演習炸射總是在海岸邊緣，而我們海上環島一定會穿越這些地區，有鑑於雄風飛彈誤射漁船事件，該如何防止船開入「戰區」？解決辦法是事先在漁業署網站查詢「航安資訊」，便可以看到射擊通報，每個漁港的海巡哨所也會提供海上警戒資訊。當我們越過鵝鑾鼻後，也收到海巡通知有演習，才暫緩北上，後來因為演習取消，才沒有耽誤行程。

國家中山科學研究院對 海（空）實彈射擊報告單

分送單位（機關）	射擊單位	中科院		射擊危險區域要圖
內政部警政署	射擊目的	火砲試射		
飛航服務總臺	射擊日期	110 年 3 月 16、17 日		
基隆海岸電臺				
交通部航港局	射擊時間	自 08:00L 至 12:00L 止		
		自 13:00L 至 17:00L 止		
交通部航港局 北部航務中心	射擊地點	九鵬地區		
	高度起算	MSL		
國防部參謀本部作計室	座標系統	WGS 84		
交通部航港局 中部航務中心	對空域 對海域 危險區域 （經緯度）	A：22°32'N 121°00'E	B：22°32'N 121°15'E	
交通部航港局 南部航務中心			C：22°30'N 121°24'E	
交通部航港局 東部航務中心		G：22°25'N 120°55'E	D：21°50'N 121°24'E	
行政院 農業委員會漁業署		F：22°00'N 120°52'E	E：21°50'N 121°00'E	
高雄市政府海洋局				
海洋委員會海巡署				
海洋委員會 海巡署艦隊分署				
海洋委員會海巡署 金馬澎及北、中、南、東 部分屬				
國防部參謀本部 情報參謀次長室	危險區域 中心點	22°12'N 121°08'E		
國防部參謀本部訓次室	最小半徑	12NM		敬致 部隊長
海軍大氣海洋局				
國防部陸軍司令部	最大彈道 高度	0~25,000 呎		
國防部海軍司令部				
國防部空軍司令部	備註： 1.實際執行之空管範圍以民航局所發布為準。 2.船隻及航空器請避開測試海、空域以策安全。 3.臨時變更將以電話傳真通知。 4.本院空域管制已與各航空公司及航空站協調完畢。			連絡人：盧俊廷。 軍用電話：352083、352084。 自動電話：(03)4712201#352364。
國防部憲兵指揮部				
國防部後備指揮部				
空軍作戰指揮部				
陸軍後勤指揮部				
空軍第七飛行訓練聯隊				
空軍第五戰術混合聯隊				
原住民族委員會				
科技部				

FT-009：對海空實彈射擊報告單　FT99-WI-17AA.005A -TAB09A　一般

漁業署網站的射擊通報公告

DAY-26

伴我前往終點的旋律

8 月 11 日 新北市淺水灣後厝漁港→新北市淡水

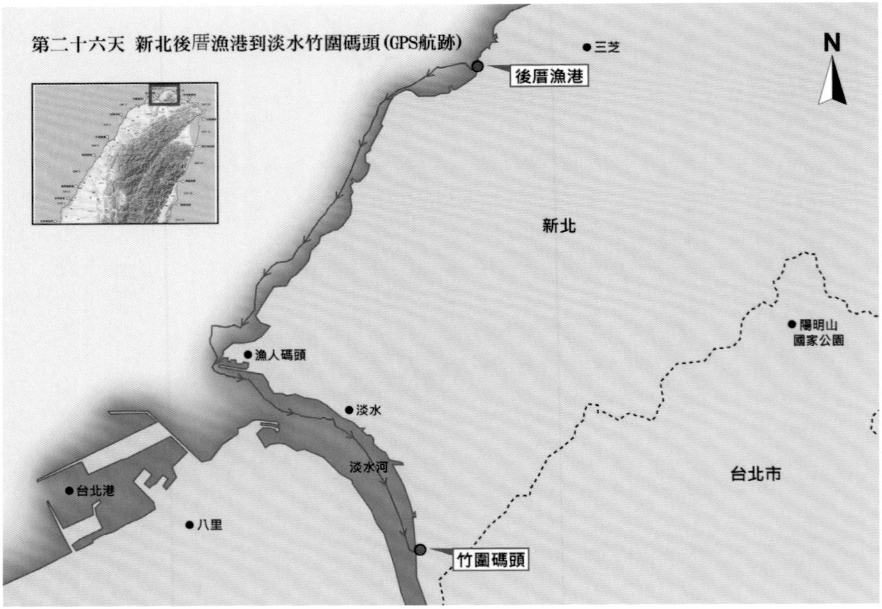

航行路徑：20.3公里

今天中午，DIY無動力小帆船繞行臺灣一圈將在第二十六航行日、由北海岸淺水灣回淡水河後，寫下多項新的歷史紀錄。

早上出航前下了場雨，飛龍兄陪我們在海巡哨所躲了半小時後，雨停了。上了船，太陽在雲間掙扎，最終還是奮力從雲頂灑出光芒，烏雲逐漸稀釋，天色轉藍，船划出港後風也漸強到能揚帆，船忽然間輕盈起來，於是我們滑出灰暗的水，水色一路上由灰暗、灰綠再轉為湛藍。

回想這一路走來，從一開始沒有社團願意承辦活動，由多艘船隊變成一艘孤舟、兩人獨行。又想到航港局一位官爺說的：「你們隨便用木頭做個船，又沒牌就要在公水域玩，這是違法的。船在自己家池塘玩玩就好。」

這趟有賭這氣的成分在，證明我沒有違法，證明臺灣的海就是我家的池塘！合於《船舶法》、《漁港法》，甚至被官員們踐踏的主權在民與人民行動自由的《憲法》，走體制內的合法申請是比在海上與浪搏鬥還辛苦的過程：找尋法源、與政府機關打交道、取得漁港停靠許可。結果是十五個縣市有三個縣市不准，再接再勵、敗部復活，要環島，就是「一個也不能少」！

當然，成行後海上挫折也少不了：受天候延誤，進了非申請的港口又被趕出去、被落山風掀翻了船落水，眼睜睜看帽子飄走及GPS機沉入水中，也有在天黑時進港不及，在逆流時摸黑尋找港口的沮喪……一切的一切，我們遇到時都卯起勁來一一克服。

旅途也有人情溫暖的時刻：認識的朋友、未曾謀面的網友、邂逅的陌生人，分別從陸地上各處伸出協助的手，謝謝你們。

想到一首老歌〈My Way〉，歌詞依稀有模糊印象，好像就是在講我們從出發到達終點的心路歷程，從手機播放，音量開到最大聲，讓這首歌隨心情奔放！船穩定行駛，音樂隨海浪打船的節拍。我們前二十五天的海上，視手機為救命符，深怕沒電，所以未曾在海上播放音樂。如今再讀一遍歌詞，竟然眼眶泛淚，旅程的艱難險阻沒有擊敗我，結果竟被一首歌的歌詞打敗了。

終點到了，轉入淡水河內，好朋友們的十多艘獨木舟從對岸開了過來迎接。上岸後，好不熱鬧；溫馨熟悉的淡水河、愛好海洋活動的熱情朋友以及二十六天的海上日子，航過一千一百七十五公里又八百公尺後，我們回來了！

與在終點淡水河岸迎接我們的親朋好友留下珍貴的合影！

一路的帆船環島之旅苦樂兼具，感謝親友與旅程中夥伴的支持，終於可以把船身的「環島ing」改為完成式「環島ed」！

環島
ING

水域
水域
解嚴
水域
解嚴

3 尚欠東風

我們與海洋國家的距離

一、玩自己做的船犯法嗎？

十五年前，我從一本英文雜誌 *Popular Science* 刊載的ＤＩＹ三夾板造船圖，造了生平第一艘小帆船。

圖片其實我已收藏二十年，造船夢在小時候也開始成形，但受限不少嚴苛條件，且當時科技並無環氧樹脂此種ＡＢ劑混合後硬如石的防水塗料，即使造出木船，也不堪用。另外場地、運送、造船善後等都是問題。直至今日，船終於造出來了，但年歲也不小了——幸運的是，我還有力氣玩！

造手划船容易，但製造帆船就困難多了。當年還買不到帆的材料，而初識環島夥伴張宗輝時，他的帆是用自己玩多年的飛行傘布修改而成，我的帆則是「臺灣味」的藍白條遮雨棚布，用手工一針一線縫成。

彼時，方解嚴不久，我們這種帶著船隨處下水的舉動，引起岸邊民眾不少疑問，歸結許多大哉問，排名第一的是：這樣下水，合法嗎？

十幾年後的今天，這些問題，仍常常在許多地方出現。

真是大哉問！十五年前新船下水的第一天，母親都這麼問我，擔心我被警察抓，哪天可能要籌保釋金到派出所保人！那個時代，船在望海巷沙灘出海，海巡執法人員阻止，又講不出理由，只能拿著攝影機猛拍搜證——究竟合不合法？他們腦袋中也是一個大問號。直到此環島行的前兩年（二〇一六年），解嚴已快三十年後、政黨執政也輪替三回，每個總統都說我們是海洋國家，但航港局的官爺還要拿這個問題刁難。

法治國家是指如果我們違法，執法人員應該在有違法行為發生或取得違法證據後告知，違反哪一條法，並依法懲處。但是對我們這種前無古人的問題，本職學養不夠、又不讀書的官爺經常說：「請舉證你這樣做沒有違法，否則我辦你！」問他怎麼辦，卻說不出來。

某一次我們的玩船活動，結果遇上海巡取締。

在此探討一下這個問題，從我在二〇一七年親身經歷的一件事開始：

朝官記

起篇

因我熱衷傳統文物保存，且以拯救古舢舨為己任，承臺北市政府文化局不棄嫌，予以指導，讓老木船在基隆河繞行幾回，並廣邀造船的好友一同參與木舟楫文化節。豈料活動辦完，竟有主管港航的官員關切，並要求我出席說明。

小順民向來循規蹈矩，不敢造次，懷著忐忑之心，上京朝官。

在基隆的港務局，一趟三十多里路，路程顛簸不在話下。

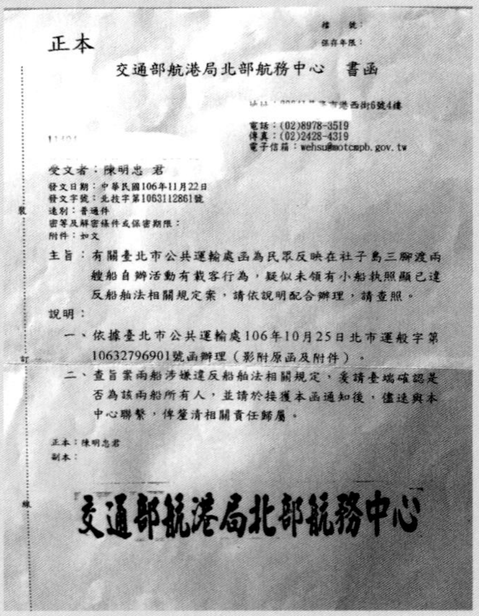
檔號：
保存年限：

正本

交通部航港局北部航務中心　書函

[illegible]港西街6號4樓
電話：(02)8978-3519
傳真：(02)2428-4319
電子信箱：wehsu@motcmpb.gov.tw

受文者：陳明忠 君
發文日期：中華民國106年11月22日
發文字號：北技字第1063112861號
速別：普通件
密等及解密條件或保密期限：
附件：如文

主旨：有關臺北市公共運輸處函為民眾反映在社子島三腳渡兩艘船自辦活動有載客行為，疑似未領有小船執照顯已違反船舶法相關規定案，請依說明配合辦理，請查照。

說明：

一、依據臺北市公共運輸處106年10月25日北市運般字第10632796901號函辦理（影附原函及附件）。

二、查旨案兩船涉嫌違反船舶法相關規定，爰請臺端確認是否為該兩船所有人，並請於接獲本函通知後，儘速與本中心聯繫，俾釐清相關責任歸屬。

正本：陳明忠君
副本：

交通部航港局北部航務中心

港務局公文

承篇

見得官來。

官曰：「你們自己弄個無照的船就要在公水域上航行，除非那是你家池塘，我們管不了。在水上航行的船，沒有去請牌列管就是違法！你要展示，弄個在陸地上的船就好，不要到水上去航行！」

又曰：「要不，你們就照程序去請個牌，有了牌也沒人會偷開你的船走，也不會有人隨便開了別人的船走。也為了你們的安全著想。」

再曰：「照你們這樣的行為我們可以開罰，而且是累進式的罰款，一次三千，兩次六千，再來就上萬……」

好大官威，話說到此，小民怕怕，可是，小民有冤要申……

友人永盛與我同航，他的小木船亦遭池魚之殃。

永盛回說：「兩年前我自己造了條船……」

官驚道：「自己做船？怎麼可能！那個曲線，弧線……」

永盛接著說：「造出後，貴單位前局長協助我找相關單位等請牌，結果弄了一年，沒人有辦法，白忙近兩年功夫。」

官又驚曰：「現今還有人造木船？那是古時才有的規制，現今也不知是否還有規範，反正依規定來申請，我們會再協調處理技術規範。」

他的提問壯了我的膽，換我申冤：

「小民不懂法而犯法，也可否告知我倆究竟犯了哪一法條，有所知，以後也好不再犯。」

沒一會兒，科員搬了一本厚厚的冊子，翻了翻，遞給官爺。

官曰：「就這！我們可依此對你開罰！」

喔！《船舶法》第八章規範小船的第三十八條：「……非經領有航政機關核發之執照，不得航行……」小民心中又有疑問。

轉篇

「那麼請問蘭嶼那麼多小木船，是否都領有執照，你們有沒有開罰過？」小民謙虛的問道。

官曰：「以前沒有，但現在地方政府有列管。」

小民還是有疑惑，又問：「現在不是還有原住民陸續造船，他們怎麼申請？」

「現在已經不准了！」官不耐煩回答。

將來兵擋，小兵招架不住！

「好吧，我違法，請貴局給我開張罰單，好向臺北市政府自首，我做了件違法的事。」

殊不知，官爺還頗有體恤百姓的憐憫心，又說道：「我們實在不願意這樣做，只要你們答應不再下水，我們就結案了。」

想起三腳渡那一艘艘逐漸消逝的老舢舨，合法？非法？歷史共業。若三腳渡的老舢舨不能出航，年邁阿正師的工坊，生產新的木船都違法？臺北市僅存的歷史老船該何去何從？不能下水的船，還叫船嗎？

體恤民心的父母官又給一個解套方法：

「你可以召集文化局、運輸處、水利局等用一個專案來跟我們協調，用專案辦理。」

天啊，你當我是臺北市長？接著又想到我們每個星期在練的龍舟……

「三腳渡有五艘龍舟，難道沒有違法問題，他們都違法載客？」

「那個只是端午節搬出去運動，沒有犯法。」他說著便翻到了《船舶法》第四條，下面列了四項不受《船舶法》管制的例外，龍舟列在第二項。

「等等！還有一項寫著『推進動力小於十五馬力的非漁用小船……』我的船當天掛五馬船外機，不就在這裡寫著的例外不受管嗎？」

官又答辯：「這條因為爭議性大，在修改了，你們這樣還是不行！」

「那請問我的船在今年十月下水，當時法條修正了嗎？即使修法，是否也不能追溯既往？」

我現在只要一個答案：「有無違法？」

科員再東翻西翻了那本手冊，並查詢了資料，過來報告：「該法條未修。」

合篇

好了！我沒有違法。

接下來「一舟各表」做個結論！

官說：「你如果認為無罪，寫個陳情書上來，我們幫你接辦。陳情書沒有格式，A4白紙自己陳述。」

有些怪，我又沒犯罪，你又無法判我罪，有何情可陳？是寫是不寫？

拉拉雜雜的把會議過程做個紀錄，這算陳情書嗎？

二、尋找環島航行受羈絆的法規：船、水域、港

船

全世界鄰近水域的國家，水上行走的船只有兩種，一種是有牌列管的，一種是無牌的。不過兩種都合法，各有法令規範，也有水域、在港口行駛與停靠的權利。

在美國，人民可以隨時到大賣場買不需牌照的船，付了錢、連同拖車船架拉到

岸邊下水玩，而在水岸設置斜坡供無牌船出入水域，是政府該做的事，和建道路、停車場和自行車專用道意思一樣，只要結束後收拾好，船帶回家，就不會給港灣帶來負擔。

歐盟國家中，建造自己玩的船不需要牌照，但如果在五年內會有販售行為，必須符合政府規範。此外，復古的歷史文化船和出租的鴨子船也不需要船牌。

臺灣的《船舶法》第一章通則第四條：

下列船舶不適用本法規定

一、軍事建制之艦艇

二、龍舟、獨木舟及非動力帆船

三、消防及救災機構岸置之公務小船

四、推進動力未滿十二瓩之非漁業用小船

五、原住民族基於傳統文化、祭儀或非營利自用，出海所使用經原住民族主管機關認定之小船或浮具（二〇一八年十一月二十八日修正增列）

於此條例下，ＤＩＹ建造的船、帆船、動力船帶小動力（註：十五馬力以下）、獨木舟、休閒運動的划槳獨木舟、休閒運動的各種無動力帆船，只要不涉及漁業行為，便有合法地位。但，臺灣的水域就可以自由航行嗎？

《憲法》第十條：「人民有居住及遷徙之自由。」

「駕船」是屬於人民主權中的領海、航行和遷徙自由，是完全受憲法保障，但是在地方自治及區域管理規則下，有二個法條和母法相違背，那就是《漁港法》和《水域遊憩法》。

水域

臺灣《船舶法》已有明定不需牌照的船種，但在航行水域和港口進出，海巡人員給的

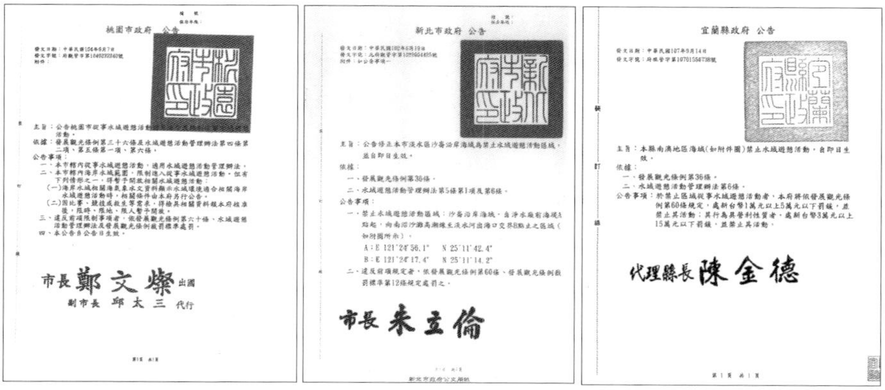

桃園市政府 公告

發文日期：中華民國104年6月7日
發文字號：府觀管字第1040232240號
附件：

主旨：公告桃園市從事水域遊憩活動……活動。
依據：發展觀光條例第三十六條及水域遊憩活動管理辦法第四條第二項、第五條第一項、第六條。
公告事項：
一、本市轄內從事水域遊憩活動，適用水域遊憩活動管理辦法。
二、本市轄內海岸水域範圍，限制進入從事水域遊憩活動。但有下列情形之一，得暫予開放相關水域遊憩活動：
(一)海岸水域相關海氣象水文資料顯示水域環境適合相關海岸水域遊憩活動時，相關條件由本府另行公告。
(二)因比賽、競技或救生等需求，得檢具相關資料報本府核准後，限時、限地、限人暫予開放。
三、違反前項限制事項者，依發展觀光條例第六十條、水域遊憩活動管理辦法及發展觀光條例裁罰標準處罰。
四、本公告自公告日生效。

市長 鄭文燦 出國
副市長 邱太三 代行

第1頁 共1頁

新北市政府 公告

發文日期：中華民國102年6月19日
附件：如公告事項一

主旨：公告修正本市淡水區沙崙沿岸海域為禁止水域遊憩活動區域，並自即日生效。
依據：
一、發展觀光條例第36條。
二、水域遊憩活動管理辦法第5條第1項及第6條。
公告事項：
一、禁止水域遊憩活動區域：沙崙沿岸海域，自淨水廠前海堤A點起，向南沿沙灘高潮線至淡水河出海口交界B點止之區域（如附圖所示）。
A：E 121°24'56.1" N 25°11'42.4"
B：E 121°24'17.4" N 25°11'14.2"
二、違反前項規定者，依發展觀光條例第60條、發展觀光條例裁罰標準第12條規定處罰之。

市長 朱立倫

宜蘭縣政府 公告

發文日期：中華民國107年9月14日
發文字號：府旅管字第10701556738號

主旨：本縣南澳地區海域(如附件圖)禁止水域遊憩活動，自即日生效。
依據：
一、發展觀光條例第36條。
二、水域遊憩活動管理辦法第6條。
公告事項：於禁止區域從事水域遊憩活動者，本府將依發展觀光條例第60條規定，處新台幣1萬元以上5萬元以下罰鍰，並禁止其活動；其行為具營利性質者，處新台幣3萬元以上15萬元以下罰鍰，並禁止其活動。

代理縣長 陳金德

第1頁 共1頁

桃園市、新北市、宜蘭縣政府公告禁止海域活動。

最新答覆是：「只要你不從我管的漁港進出，其他地方愛怎麼玩，我不管。」在法律邊緣玩過小船的人口：獨木舟、風浪板、立槳、衝浪板以至各種奧運指定的競技帆船、自造船……人數可以萬計，所以，特別感受能航行的水域是受到不合理的約束。

國家有《水域遊憩法》，但很諷刺的是在發展觀光條例之下、抹煞人民發展水上觀光的權利。它賦予地方政府和國家公園可以任意公告管轄海、水域禁止人民從事水上活動，甚至不用經過民意機構同意、不用經過專家學者評估，還有相關罰則能立即執行對違反者的懲處。

《憲法》第二條說：「中華民國之主權屬於國民全體。」當然包括領土、領空、領海的使用。再查《中華民國領海及鄰接區法》第三條：範圍是十二海浬。只有規範外國船可以穿越通行，本國船沒設限。那公告及懲處是否違憲？有些也許已因民怨做了修正，但這種法條尚存在自由民主的國家，實在名不符實。

港

小船從陸地出航，在水上玩過再返回，如果有港能通行，將是返家最安全的路。但是在臺灣可以這麼安全的借道進出嗎？我們知道基隆港、臺中港、高雄港是不能如此，但是偏鄉僻壤的漁港呢？

臺灣環島海岸線長約一千一百三十九公里，共建有二百三十九座漁港。漁港密度之高，大概可以破世界紀錄；全臺灣的火車站二百三十一個，還比漁港數量少。

這些漁港有因漁源枯竭或淤沙而杳無人煙，最適合小船藉港安全入海，但仍被《漁港法》保護：

> 第三章第十六條：船舶進出漁港，除應依有關法令規定實施檢查外，本籍漁船以外船舶應先經主管機關之核准。
>
> 第四章第二十二條：本籍漁船以外船舶，有第十六條第二項未經核准任意進港，或進港船舶不於規定區域停泊情形者，處船舶所有人或船長新臺幣三萬元以上十五萬元以下罰鍰，並命其限期離港；屆期未離港者，按日處船舶所有人或船長新臺幣一萬二千元以上六萬元以下罰鍰。

第二類漁港占多數（約二百多個），主管機關是地方縣市政府，管理單位大多在農業科的漁管處（各縣市名稱不盡相同），所以只要向他們提出申請，非漁船就能停靠。但標準是什麼？又能以哪些條件不批准？沒有原則，全自由心證。

守法的海上環島之路，出發點在陸地

帆船環島，除非不休息、不補給一氣呵成，否則一定要靠岸。獨木舟環島已有不少人完成，原因在船輕、吃水淺，只要有沙灘，甚至浪不大的礁石區，都能進出海岸。但是帆船不一樣，雖然我們的小帆船輕，一樣能搶灘上岸，但是有桅杆、帆、中央板的突出物，上沙灘的危險性高多了。

這次的環島航行，我們走過全臺十五縣市行政區的海域，每個夜晚停泊於小漁港過夜。因為二級漁港歸地方政府，所以一共發出十五封公文向四個院轄市、一個基隆市，和十個縣政府的農業單位漁管處申請。因此，這環島公文，我戲稱像在收集商家兌換券，十五張集滿了才送環島旅行一趟！

第一回合，有三縣市不准，原因五花八門，怎麼辦？有一招叫申復，再接再勵敗部復活賽，最後剩臺中不准，考量臺中海岸線不長，但再耗下去颱風季到了，決定直接跳過不理臺中。

怎麼環繞自己的國家一圈好像在周遊十五列國？國國要簽證！還不一定會過。

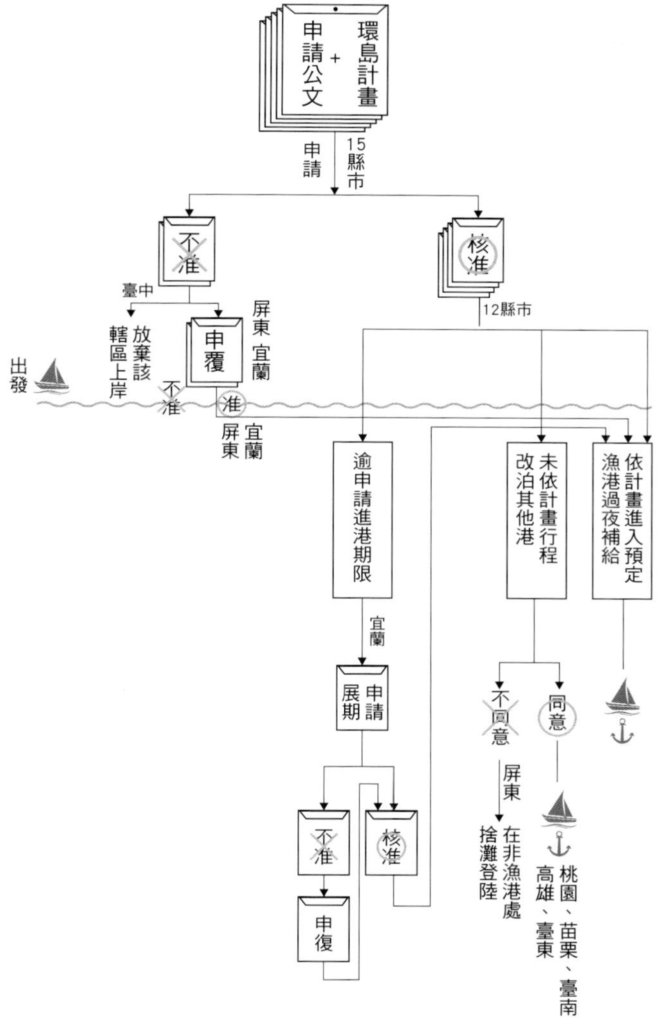

帆船環島之旅前，申請公文的漫漫長路。

後記：回首來時路

回來後，在一次環島分享會中，有朋友提問：

在二十六天行程中，你們有沒有兩人意見不合吵架？

當時開玩笑地說，如果發生這樣的情形，一個人會被丟下海，剩另一個人獨立完成航行。

回顧我們兩人在試航練習階段的NG，你的生命在他手中，他的手也掌控你的生命，這樣建

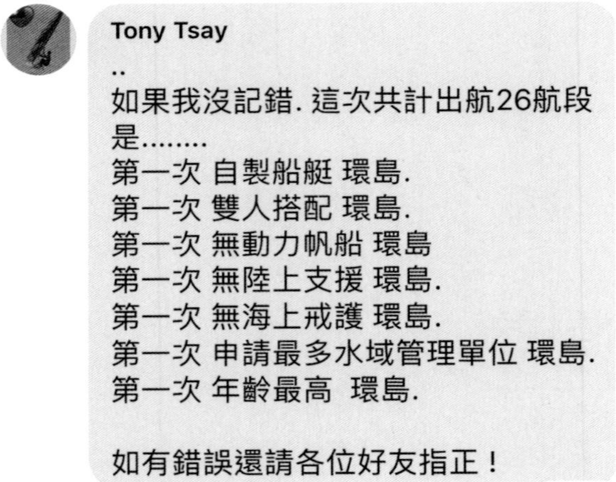

Tony Tsay
..
如果我沒記錯. 這次共計出航26航段
是........
第一次 自製船艇 環島.
第一次 雙人搭配 環島.
第一次 無動力帆船 環島
第一次 無陸上支援 環島.
第一次 無海上戒護 環島.
第一次 申請最多水域管理單位 環島.
第一次 年齡最高 環島.

如有錯誤還請各位好友指正！

FB「高雄帆船」社團版主蔡先生於臉書留言並協助我們統計，此趟環島之行所破的各項紀錄。

立關係的夥伴，能吵得起來嗎？

NG回顧之一

話說那年大年初一，冷颼颼的寒流來襲，張宗輝方完成一艘新帆船，迫不及待約我試航，當時的回憶：

「從這個角度看過去的淡水河好美，漲潮的河水是外海灌進來的海水，相當清澈，船舷打起的浪花和著水下冒上來如乒乓球大小的一群泡泡，浪緣和氣泡被關渡大橋上雲隙間透出的陽光照得每一顆每一粒都晶亮剔透，在水中閃爍不已。」

我不是在賞景，是一陣風突來，我們兩人控制不住這艘帆船，船翻了後，載浮載沉時深刻的瞬間景象——這次試船，錯在因為風大只掛上前帆，結果陣風錯向導致船頭被風操控而翻。

船側躺在水面時，確定我們安全，開始按SOP做帆船扶正。帆船翻了不是什麼大不了的事，中央板牢牢的突出船底，兩人合力，側翻的船身開始滾了回來，看著桅杆直上天空，準備歡呼……可是，挺立的桅杆朝另一邊又倒了下去，緊接著船底慢慢在朝上翻，也就是說，船肚要朝天了！宗輝說，他做的這艘船水密隔艙還沒完工，前艙灌入水後，船重心升至水平面，控制不住。好個新年開新船，下一步要重新思考起。「船必須保持倒扣，再嘗試翻正，會把艙內空氣翻光，讓船下沉。」宗輝說，趁剛才船翻起時，他把我的防水盒從船身解下、遞給我。這是我的出航習慣，在甲板上扣一個塑膠防水盒，放置手機、證件、錢包。腰間配帶的工具刀健在，此外就剩救生衣上的童軍繩。

「Life is all about making decisions.」我們兩人得要迅速做判斷跟決定。此時，我們近河岸大舟碼頭不到一百公尺，想要游過去，但強勁水流放棄這個念頭。

正值漲潮，河水倒流，我們的流向由竹圍朝關渡大橋，得留心別擦過橋墩，還要伸手撐開，免得撞上。朝上游的漂向，讓我們的心定了下來，只要船不沉，上游流速漸緩的河面是有機會在淺灘上岸的。

今天是大年初一，又逢寒流來襲，首要保持身體離水不要失溫，還好上身穿著羊毛內衣、防寒上衣還有救生衣，濕了還能保溫，只有下半身穿棉質牛仔褲覺得冷。一路上先找尋有無過往船隻，一艘藍色公路遊艇經過，有點遠，可能以為這是雙人獨木舟，沒理我們；不到五分鐘，左前方另一艘觀光船，看到我們揮手，漸漸靠過來，往觀音山五股方向岸邊的船也有人在做手勢，我們兩人跳上去，棄船獲救！

故事還沒有結束，沒多久又駛來一艘工程船，我們再跳船，請他協助拖船。一路往關渡橋回去。因逆流又有拖載，船開不快，兩人縮在沒艙的鐵殼船上吹風打顫。好不容易回到關渡碼頭，謝了工程船，揚長而去，離我們的基地竹圍只有幾步路，把船翻正，善後並檢討，水抽乾還能用划的回竹圍。沒帶可以更換的衣服，我坐上捷運回家，衣服半乾、深色，幸好沒人發現這個河童剛從淡水河爬上來！

NG回顧之二

這條優雅的古典帆船，今夏是張宗輝環島的手划船，回來後，把上殼剝了，套上桅杆，重上拼木條頂甲板，變身英倫風古典帆船。

原來計畫裝上的４７０主帆，在一年多前被我們兩人試船玩掉，捐給了河神。現在拆了另一微風號４２０的帆，再一次試航。

瘦長圓底的船身在水上很輕盈，但對帆船而言，相對操控技巧也要很靈巧，「用身體重量移動，去平衡風的壓力，讓船不翻，且得到平衡時前進的動力。」說來容易，當有豬隊友時，會跑錯邊幫風神提早把船掀了！

先前小試一次，今天船又多了不少改進。雖然頂風，但也順利的從竹圍開過關渡大橋，進到社子蘆洲基隆河匯流處的大水域。這一段有觀音山的落山風，接著是關渡岬的亂水流，還有河道夾縮關渡橋阻撓的風渦流，橋前橋後的瞬息萬變，成功渡過者幾乎可拿國際帆船駕照。

今天風流兩順，得以安然渡過。再來往大稻埕就沒什麼擔心的，兩人輪流掌舵與控帆，兩帆齊開，多次嘗試讓船身傾斜到極限，壓艙壓到歪腰。

兩小時到忠孝碼頭喝咖啡，回程順風一路走直線，還能輕鬆照相。

再回關渡橋前，水況有變化，起浪又轉逆風。我們是習慣了，當過關練習，雖然是新船，一路過來對操控都熟悉，兩人配合默契也足夠，沒什麼好擔心，準備在停泊的大河皇后號郵輪前做逆風轉。但我的舵才開始要打，就聽到前面噗通一聲，什麼？我的船長棄船，跳河游向二十多公尺前的大河皇后？但我再不轉開就要撞船了。轉了彎，放掉主帆繩、解了前帆索，船失去動力，本還要照SOP繞回去救人，但太靠大河皇后號，實在做不來！

拉回主帆索、不理前帆，用小許動力轉靠碼頭棧橋。一靠近，我靠！一排釣魚人，一排釣魚線？棧橋下流又強，想起以前近岸被釣魚人丟石頭的不愉快經驗，算了，離遠點靠淺灘再打算！

終於在紅樹林叢邊暫時錨碇，收帆、抽中央板、升舵，再變回手划船。用最古老的方法，靠著我那位跳船的船長在碼頭棧橋上指揮，順利把船划過去將他接回來。

原來，宗輝是掛身去壓艙，腳勾船底板繩帶，他沒勾到才落空翻出船外。幸好也算試航出船要改進的地方，沒有白航這一段！

人安然返船，繼續有說有笑，划回竹圍。

感謝

此次環島成功，要感謝這一路上遇到的貴人，無論認識或陌生的朋友，謝謝你們！

海巡哨所：雖然對你們管漁港頗有怨言，但那是法令政策問題，你們二十四小時開放與人員的服務熱忱，是一路最給力的補給站。

苗栗周緯民遠從三義到苑裡，帶給滿滿的補給品。

來自臺南的阿諾：嘉義、高雄、臺東都有你港口迎接的身影！

嘉義的自由時報記者蔡宗勳，經由網友 Lai Wei Ren 的介紹，給我們版面。

高雄阿嘉，離開彌陀港口的接送。

屏東枋寮楊雄的溫馨住宿安排。

墾丁沙鑫、鄧教練、以及給我們自由時報頭版的記者蔡宗憲。

臺東星浪咖啡民宿，老闆臨行前的一杯加油咖啡。
臺東千禧曙光公園協助拉船上岸的陌生遊客。
臺東新聞台地方中心記者吳宜霖。
馬義雄，新蘭港接送。
蘇帆海洋基金會蘇達貞教授在花蓮的接待。
陳彥宏在豆腐岬的迎接，林素華的宜蘭溫馨住宿安排。
基隆 Jack Fang 和 TC Lu 的海上迎接及美照。
基隆鍾明華辦公室的下午茶。
三芝劉飛龍溫馨住宿安排。
帆船獨木舟協會淡水河上迎接返家。
陳柏睿淡水河遊艇追隨的 ending。
還有：
陸上伴我們同行幾天的陳永盛。
本書部分照片提供人：TC Lu、陳永盛、陳彥宏、John Chen、陳佑誠。

國家圖書館出版品預行編目

造自己的船,環我們的島 / 陳明忠作. -- 一版. -- 臺北市：
釀出版, 2021.05
面； 公分. -- (釀生活 ; 30)
BOD版
ISBN 978-986-445-441-9(平裝)

1.航海 2.帆船 3.船舶工程

557.481 109022289

釀生活30 PE0183

造自己的船，環我們的島

作　　者　陳明忠
責任編輯　許乃文
封面設計　劉肇昇

出版策劃　釀出版
製作發行　秀威資訊科技股份有限公司
114 台北市內湖區瑞光路76巷65號1樓
電話：+886-2-2796-3638　傳真：+886-2-2796-1377
服務信箱：service@showwe.com.tw
http://www.showwe.com.tw
郵政劃撥　19563868　戶名：秀威資訊科技股份有限公司
展售門市　國家書店【松江門市】
104 台北市中山區松江路209號1樓
電話：+886-2-2518-0207　傳真：+886-2-2518-0778
網路訂購　秀威網路書店：https://store.showwe.tw
國家網路書店：https://www.govbooks.com.tw
法律顧問　毛國樑　律師
總 經 銷　聯合發行股份有限公司
231新北市新店區寶橋路235巷6弄6號4F
電話：+886-2-2917-8022　傳真：+886-2-2915-6275

出版日期　2021年5月　BOD一版
定　　價　450元

讀者回函卡

Printed in Taiwan